Die

Preußische Feld-Artillerie

im

Jahr 1806 (I)

Organisation, Material, Bedienung, Ausbildung

Jörg Titze

Beiträge zur altpreußischen Militärgeschichte bis 1806/07

Heft 3

Abb.01   Greif eines schweren 12pfündigen Rohres

Die

Preußische Feld-Artillerie

im

Jahr 1806 (I)

Organisation, Material, Bedienung, Ausbildung

Bibliographische Information der Deutschen Bibliothek

Die Deutsche Bibliothek verzeichnet diese Publikation in der Deutschen National-bibliographie; detaillierte bibliographische Daten sind im Internet über http://dn-b.ddb.de abrufbar.

Die Deutsche Bibliothek – CIP – Einheitsaufnahme

Jörg Titze

Die preußische Feld-Artillerie im Jahr 1806 (I)

Organisation, Material, Bedienung, Ausbildung

ISBN: 978-3-7693-2706-9

Verlag: BoD · Books on Demand GmbH, In de Tarpen 42,

22848 Norderstedt, bod@bod.de

Druck: Libri Plureos GmbH, Friedensallee 273, 22763 Hamburg

Inhaltsverzeichnis

1. Einleitung

Für ein geplantes Zinnfiguren-Diorama zur Schlacht bei Jena war eine nähere Beschäftigung mit der preußischen Artillerie dieser Zeit notwendig geworden. Das Studium der vorhandenen Literatur brachte nicht die gewünschten und vor allem notwendigen Ergebnisse. Er wurde schnell klar, dass die friederizianische Zeit und die Zeit ab 1816 relativ gut belegt waren und aus diesen Zeiträumen auch das überall veröffentlichte Bildmaterial stammt. Dieses Bildmaterial ist für die Zeit um 1790 bis 1806 nicht oder nur bedingt verwendbar (besondern erwähnenswert sind friederizianische Munitionswagen mit runden Deckeln und Geschütze nach der Norm von 1816), auch fehlte Klarheit hinsichtlich der Exerzitien. Hier traten nun mehrere Glücksgriffe ein, die die Quellenlage erheblich verbessern sollten. Diese Glücksgriffe waren:

Konstantin Igoschin: Den russischen „Artilleriepapst" für die napoleonische Zeit lernte ich (Dank meines Freundes Alex) 2016 auf einer internationalen Tagung in Moskau kennen. Bei den nachfolgenden Treffen bis 2020 lag zwar mein Hauptschwerpunkt auf sächsischem Material in russischen Archiv-/Arsenalbeständen. Aber durch Konstantin erhielt ich für dieses Heft Bilder und Messprotokolle zu preußischen Geschützrohren, die reichlich in Moskau (Panoramamuseum, Kreml) und Borodino (Schlachtfeldmuseum) liegen.

Oliver Schmidt: Einer der wohl besten Kenner der preußischen Armee in der napoleonischen Zeit hat mir nicht nur wertvolle Hinweise im Umgag mit dieser mir nicht vertrauten Armee gegeben sondern auch noch das Merkatz'sche Exerzierreglement für die preußische Artillerie von 1804 zur rechten Zeit zu Tage gefördert.

Frank Hartmann: Sein sich nun realisierender Traum eines Dioramas zur Doppelschlacht bei Jena und Hassenhausen war die Initialzündung für dieses Heft.

Sommerurlaub in Paris: Abgesehen davon, dass Paris und besonders das Musée de l'Armée eine Reise wert ist, so hat doch diesmal der dort stehende lafettierte preußische schwere 12-Pfünder einen besonderen Reiz ausgeübt. Dieser ist frei zugänglich und kann - im Rahmen des Erlaubten - angefasst, vermessen und abgelichtet werden.

Geheimes Staatsarchiv Berlin: Der allgemein geäußerte Satz in Bezug auf Militärakten: „da is nüscht mehr da!" ist für das Große und Ganze nicht falsch, aber …! Für einzelne Teil- und Themenbereiche ist schon etwas da. So war ich freudig erstaunt, dass ein Etat für die reitenden Exerzierbatterien aus dem Jahr 1806 ebenso verfügbar war wie ein Gesamt-Etat für die Artillerie aus dem Jahr 1799/1800. Es ist nicht mundgerecht und bei Weitem nicht der Umfang, den man sich wünscht — aber es ist einiges da, was wirklich weiterhilft. Bisher nur das sächsische Hauptstaatsarchiv in Dresden gewohnt, habe ich auch in Berlin überaus freundliches Personal und den bisher gekannten problemlosen Zugang zu den Akten vorgefunden. Das Ablichten der Akten mittels Fotoapparat und Mobile ist erlaubt, was beim Ablichten ganzer Akten etwas unbequem und im Ergebnis - im

Gegensatz zu den in Dresden befindlichen Standgeräten - auch etwas verwackelt sein kann. Aber das ist Jammern auf hohem Niveau.

Hessisches Staatsarchiv Marburg: Durch die Online-Stellung von Detailzeichnungen zu preußischem Artilleriematerial im Rahmen der Wilhelmshöhe Kriegskarten wurde eine Visualisierung der Beschreibungen von Malinowski/Bonin möglich. (*https://arcinsys.hessen.de/arcinsys/detailAction.action?detailid=b6308*)

Das Ergebnis des Ganzen ist das nun vorliegende erste Heft zur preußischen Artillerie, welches sich mit der Organisation, dem Material und der Bedienung desselben sowie der Ausbildung des Personals beschäftigt.

Im noch folgenden zweiten Heft werden die Uniformierung und Bewaffnung, das Pferdematerial sowie die Details über die Teilnahme der einzelnen Artillerieeinheiten näher beleuchtet.

An dieser Stelle meinen herzlichen Dank an die oben genannten Personen und Institutionen.

Auch möchte ich mich auch bei Ihnen, verehrter Leser, für den Kauf dieses Heftes bedanken. Insofern Sie Anregungen haben oder über den Inhalt diskutieren wollen, so können Sie mich via email unter

sachsen-titze@t-online.de

erreichen.

Eilenburg im Dezember 2024

Ihr

Jörg Titze

2.   Die Organisation

2.1   Die Organisation nach Pontanus von 1797[1]

Die königlich preußische Feld-Artillerie wird in

      Linien-Artillerie und

      Reserve-Artillerie   eingeteilt.

Die Linien-Artillerie wird teils in Batterien zusammengezogen, teils bei den Bataillons verteilt; die Reserve-Artillerie aber, wird bis auf einige wenige 3pfündige Kanons, die zum Ersatz der bei den Füsilier-Bataillons unbrauchbar gewordenen oder verloren gegangenen Kanons bestimmt sind, sämtlich in Batterien zusammengezogen.

Die Batterien werden teils aus 12pfd. Kanons und 10pfd. Haubitzen, teils aus 6pfd. Kanons, 7pfd. Haubitzen und 10 und 7pfd. Mortiers zusammengesetzt.

Die aus 12pfd. Kanons und 10pfd. Haubitzen zusammengesetzten Batterien werden schwere, die aus 6pfd. Kanons und 7pfd. Haubitzen zusammengesetzten, leichte; und wenn die Artilleristen, die diese leichten Batterien bedienen, beritten sind, so wird eine solche leichte Batterie eine reitende genannt; die aus 10pfd. Mortiers zusammengesetzte Batterie wird eine Mortier-Batterie, und die aus 7pfd. Mortiers zusammengesetzte, eine Park-Mortier-Batterie genannt; welcher letztere Name daher entsteht, weil sowohl die Mortiers selbst und ihre Klötze, als auch die Munition und Utensilien nicht gefahren, sondern von Park-Pferden getragen werden.

Von dem Bataillons-Geschütz, zu welchem die 6 und 3pfd. Kanons gehören, werden jedem schweren Infanterie-Bataillon 2 Stück. 6pfd.ge, und jedem Füsilier-Bataillon 1 Stück. 3 pfd.ges Kanon zugeteilt.

Die schweren und reitenden Batterien, sowie die Bataillons-Kanons gehören zur Linien-Artillerie, alle übrigen Batterien aber zur Reserve- oder Park-Artillerie.

Zum Park der Artillerie gehören, außer den eben erwähnten Reserve-Batterien, auch alle zur Armee gehörige Bedürfnisse und Vorräte; daher zerfällt der Park in folgende Unterabteilungen:

      1) in Trainkolonnen

      2) in Handwerks-Kolonnen

      3) in Laboratorien-Kolonnen

      4) in Brandgeschoß-Kolonnen und

      5) in Brücken-Kolonnen

Außer diesen werden bei der Armee gewöhnlicherweise auch noch ein Ponton-Train, und ein stehendes und fliegendes Pferde-Depot, je nachdem das Land beschaffen ist, in welchem der Krieg geführt werden soll, mitgenommen.

---

[1] Abgedruckt in den „Memoiren zur Geschichte des preußischen Staates; Dritter Band; Zwölfte Beilage; Einrichtung der königlich preußischen Artillerie, wie sie im Jahr 1797 von dem Major von Pontanus in Vorschlag gebracht und ausgeführt worden ist". Der Textteil wird hier inhaltlich weitestgehend unverändert wiedergegeben. Dieser Mobilmachungsplan wurde 1799 bestätigt.

2.1.1 Die Linien-Artillerie

Es wird angemerkt, dass die schweren Batterien zwar sämtlich aus

6 Stck. 12pfd.gen Kanons und

2 Stck. 10pfd.gen Haubitzen   bestehen, dass aber die mit ungeraden Zahlen, z.B. die mit No. 1, 3, 5 bezeichneten, sich von denjenigen mit gerader Zahl sowohl in Ansehung der dazu gehörigen Fahrzeuge als auch der Offiziers, Schirrbediente, Handwerks-Gesellen, Knechte und Pferde unterscheiden. Der Unterschied ist darum notwendig, damit, wenn die Haubitzen von 2 oder 4 Batterien zusammengezogen werden und eine schwere Haubitz-Batterie von

4 oder 8 Stck. 10pfd.gen Haubitzen

formiert und zu irgend einem Gebrauch detachiert werden soll, sich die zu solcher Batterie gehörigen Offiziers, Schirrbediente etc. dabei komplett befinden mögen.

Eine **12pfd.ge Batterie mit ungerader Nummer** (No. 1, 3, 5 usw.) führt an Material und Personal:

12pfd.ge Batterie (ungerade)	Stück	Kommandeur	Second-Leutnant	Feuerwerker	Korporals	Bombardiers	Komp.chirurgi	Tambours	Kanoniers	Wagenmeister	Wagenbauer	Schirrmeister	Schmiedegesellen	Sattlergesellen	Tran-Chirurgi	Knechte	Pferde
		1	2				1	1		1	2	4	2	1		4	14
12pfd. Kanonen	6				6				78							24	48
10pfd. Haubitzen	2			2		12			18							8	16
12pfd. Kartuschwagen	8															16	48
10pfd. Granatwagen	4															8	24
12pfd. Vorratslafatte	1															2	6
10pfd. Vorratlafette	1															3	8
Trainwagen	1															2	4
Kompanie-Brotwagen	2															2	8
Train-Brotwagen	1															1	4
Zeltpackpferde																4	8
zum Vorrat																4	8
Summe	26	1	2	2	6	12	1	1	96	1	2	4	2	1		78	196

Der Batterie-Kommandeur erhält, wenn er Second-Capitain oder Leutnant ist, zwei Knechte und 3 Pferde (wie in der Berechnung angenommen); ist er Compagnie-Chef erhält er 1 Pferd mehr.

Die Wagenmeister, Wagenbauer und Schirrmeister sind beritten.

Auf den Zeltpackpferden werden auch die Zelte des Trains sowie die Montierungsstücke fortgebracht.

Die 3 Brotwagen sind zum Brot-Fahren für die Artilleristen und Knechte gemeinschaftlich bestimmt.

Eine **12pfd.ge Batterie mit gerader Nummer** (No. 2, 4, 6 usw.) führt an Material und Personal:

12pfd.ge Batterie (gerade)	Stück	Kommandeur	Second-Leutnant	Feuerwerker	Korporals	Bombardiers	Komp.chirurgi	Tambours	Kanoniers	Wagenmeister	Wagenbauer	Schirrmeister	Schmiedegesellen	Sattlergesellen	Tran-Chirurgi	Knechte	Pferde
		1	1				1	1		2	2	4	2	1	1	3	12
12pfd. Kanonen	6				6				78							24	48
10pfd. Haubitzen	2			2		12			18							8	16
12pfd. Kartuschwagen	8															16	48
10pfd. Granatwagen	4															8	24
12pfd. Vorratslafette	1															2	6
Trainwagen	2															4	8
Kompanie-Brotwagen	2															2	8
Zeltpackpferde																4	8
zum Vorrat																4	8
Summe	25	1	1	2	6	12	1	1	96	2	2	4	2	1	1	75	186

Die Anmerkungen wie bei der 12pfd.ge Batterie mit ungerader Nummer.

Eine **6pfd.ge reitende Batterie** führt an Material und Personal:

6pfd.ge reitende Batterie	Stück	Kommandeur	Second-Leutnant	Feuerwerker	Korporals	Bombardiers	Komp.chirurgi	Trompeter	Kanoniers	Wagenmeister	Wagenbauer	Schirrmeister	Schmiedegesellen	Sattlergesellen	Tran-Chirurgi	Knechte	Pferde
		1	1				1	1				1	2	2		5	12
6pfd. Kanonen	8				5	3			72							24	128
7pfd. Haubitzen	2			2		8			14							6	36
6pfd. Kartuschwagen	4															12	24
7pfd. Granatwagen	2															6	12
6pfd. Vorratslafette	1															3	6
Trainwagen	1															2	4
Kompanie-Brotwagen	1															1	4
Train-Brotwagen	1															1	4
Zeltpackpferde																4	7
zum Vorrat																4	8
Summe	20	1	1	2	5	11	1	1	86			1	2	2		68	245

Der Batterie-Kommandeur erhält, wenn er Second-Capitain oder Leutnant ist, drei Knechte und 3 Pferde (wie in der Berechnung angenommen); ist er Compagnie-Chef erhält er 1 Pferd mehr.

Das Batteriepersonal ist sämtlich beritten.

Bei einem **schweren 1sten oder 2ten Infanterie-Bataillon** befinden sich an Material und Personal:

2 Stück 6pfd.ge Kanonen mit	6 Knechten und	12 Pferden
1 Patronenwagen	1	4
3 Fahrzeuge mit	7 Knechten und	16 Pferden gesamt

Dagegen bei einem **schweren 3ten Infanterie-Bataillon**

2 Stück 3pfd.ge Kanonen mit	4 Knechten und	8 Pferden
1 Patronenwagen	1	4
3 Fahrzeuge mit	7 Knechten und	16 Pferden gesamt

Dazu jeweils an Artilleristen 1 Korporal 25 Kanoniers, von letzteren ist einer Gefreiter, der die Unteroffiziersdienste an der 2. Kanone versieht.

Bei einem **Füsilier-Bataillon** befinden sich an Material und Personal:

1 Stück 3pfd.ge Kanone mit	2 Knechten und	4 Pferden
1 Patronenwagen	1	4
3 Fahrzeuge mit	3 Knechten und	8 Pferden gesamt

Dazu an Artilleristen 1 Korporal 8 Kanoniers.

Bei einem **Jäger-Bataillon** befinden sich an Material und Personal:

4 Patronen-Karren mit	4 Knechten und	4 Pferden

2.1.2 Die Reserve-Artillerie

Eine **6pfd.ge Reserve-Batterie** führt an Material und Personal:

6pfd.ge Reserve-Batterie	Stück	Kommandeur	Second-Leutnant	Feuerwerker	Korporals	Bombardiers	Komp.chirurgi	Tambour	Kanoniers	Wagenmeister	Wagenbauer	Schirrmeister	Schmiedegesellen	Sattlergesellen	Tran-Chirurgi	Knechte	Pferde
		1	2				1	1		1	1	3	1	1		4	12
6pfd. Kanonen	12				12				144							36	72
6pfd. Kartuschwagen	4															8	24
6pfd. Vorratslafatte	1															2	4
Trainwagen	1															2	4
Train-Brotwagen	2															2	8
Zeltpackpferde																4	7
zum Vorrat																3	6
Summe	20	1	2		12		1		1 144	1	1	3	1	1		61	137

Der Batterie-Kommandant erhält als Stabs-Capitain oder Leutnant 2 Knechte und 3 Pferde; wenn er Kompanie-Chef ist 4 Pferde.

Wagenmeister, Wagenbauer und Schirrmeister sind beritten.

Die Zeltpackpferde sind für Artillerie und Train.

Im Train-Brotwagen wird auch das Brot für die Artilleristen fortgeschafft.

Eine **7pfd.ge Haubitz-Batterie** führt an Material und Personal:

7pfd.ge Haubitz-Batterie	Stück	Kommandeur	Second-Leutnant	Feuerwerker	Korporals	Bombardiers	Komp.chirurgi	Tambour	Kanoniers	Wagenmeister	Wagenbauer	Schirrmeister	Schmiedegesellen	Sattlergesellen	Tran-Chirurgi	Knechte	Pferde
		1	1							1	1	3	1	1	1	3	10
7pfd. Haubitzen	8			8		48		1	56							16	32
7pfd. Granatwagen	8															16	48
7pfd. Vorratslafatte	1															2	4
Trainwagen	1															2	4
Train-Brotwagen	2															2	8
Zeltpackpferde																3	5
zum Vorrat																3	6
Summe	20	1	1	8		48		1	56	1	1	3	1	1	1	47	117

Die Anmerkungen sind die gleichen wie bei der 6pfd.gen Reserve-Batterie.

Eine **10pfd.ge** und **7pfd.ge Mortier-Batterie** führten an Material und Personal:

10pfd.ge Mortier-Batterie	Stück	Kommandeur	Second-Leutnant	Feuerwerker	Korporals	Bombardiers	Komp.chirurgi	Tambour	Kanoniers	Wagenmeister	Wagenbauer	Schirrmeister	Schmiedegesellen	Sattlergesellen	Tran-Chirurgi	Knechte	Pferde
		1	1					1		1	1	3	1	1	1	3	10
10pfd. Mortier + Wag.	8			8		32			48							16	32
10pfd. Granatwagen	16															32	64
Mortier-Vorratswagen	1															2	4
Trainwagen	1															2	4
Räder-Wagen	1															2	4
Train-Brotwagen	2															2	8
Zeltpackpferde																3	5
zum Vorrat																3	6
Summe	29	1	1	8		32		1	48	1	1	3	1	1	1	65	137

7pfd.ge Mortier-Batterie	Stück	Kommandeur	Second-Leutnant	Feuerwerker	Korporals	Bombardiers	Komp.chirurgi	Tambour	Kanoniers	Wagenmeister	Wagenbauer	Schirrmeister	Schmiedegesellen	Sattlergesellen	Tran-Chirurgi	Knechte	Pferde
		1	1					1		1	1	3	1	1	1	3	10
7pfd. Mortier	8			8		32			32								
Träger	28															28	56
Granatkasten	96															24	48
Train-Brotwagen	1															1	4
Zeltpackpferde																2	4
zum Vorrat																2	6
Summe		1	1	8		32		1	32	1	1	3	1	1	1	60	128

Eine **3pfd.ge Reserve-Kanone** war bespannt mit:

2 Knechten und 4 Pferden

und erhielt keine Artilleristen zugeteilt, da dieses Geschütz lediglich zum Ersatz bei den Füsilier-Bataillonen bestimmt war.

2.1.3 Die Kolonnen

Die Principia, wonach die im Park befindlichen **Train-Kolonnen** berechnet werden, sind folgende.

Zuvörderst muss die Anzahl der Batterien, der schweren und leichten Infanterie-Bataillons, sowie der Kürassier-, Dragoner- und Husaren-Regimenter, die mobil gemacht werden sollen, bestimmt werden. Dann rechnet man zu den Park-Fahrzeugen:

Auf jede 12pfd.ge Batterie, sie mag gerader oder ungerader Zahl sein

6   12pfd.ge Katuschwagen und
4   10pfd.ge Granatwagen

einen jeden derselben mit 2 Knechten und 6 Pferden bespannt.

Auf jede reitende Batterie

6   6pfd.ge Katuschwagen und
2   7pfd.ge Granatwagen

einen jeden derselben mit 2 Knechten und 6 Pferden bespannt.

Auf jede 6pfd.ge Reserve-Batterie

6   6pfd.ge Katuschwagen

einen jeden derselben mit 2 Knechten und 6 Pferden bespannt.

Auf jede 7pfd.ge Haubitz-Batterie

8   7pfd.ge Granatwagen

einen jeden derselben mit 2 Knechten und 6 Pferden bespannt.

Auf jede 10pfd.ge Mortier-Batterie,

8   10pfd.ge Mortier-Granatwagen

einen jeden derselben mit 2 Knechten und 4 Pferden bespannt.

Auf jede 7pfd.ge Park-Mortier-Batterie,

8   7pfd.ge Mortier-Granatwagen

einen jeden derselben mit 2 Knechten und 4 Pferden bespannt.

Auf 2 Stck. 6pfd.ge Bataillons-Kanons

1   6pfd.ger Katuschwagen

mit 2 Knechten und 6 Pferden bespannt.

Auf 1 Stck. 3pfd.ges Füsilier-Bataillons-Kanon

1   3pfd.ger Katuschwagen

mit 2 Knechten und 4 Pferden bespannt.

Auf 1 Grenadier- und 4 Musketier-Bataillons oder auf 2 Regimenter schwerer Infanterie nach der neuen Formation

6   Patronenwagen

einen jeden derselben mit 2 Knechten und 6 Pferden bespannt.

<u>Auf jedes Füsilier-Bataillon</u>

   1   Patronenwagen

mit 2 Knechten und 6 Pferden bespannt.

<u>Auf</u> 10 Eskadrons Kürassiere oder

   5 ´´   Dragoner oder

   5 ´´   Husaren

   1   Kavallerie-Patronenwagen

mit 2 Knechten und 6 Pferden bespannt.

<u>Auf 15 Bataillons Infanterie</u>

   1   Gewehrsteinwagen

mit 2 Knechten und 4 Pferden bespannt.

<u>Auf 35 Eskadrons Kavallerie</u>

   1   Karabiner- und Pistolensteinwagen

mit 2 Knechten und 4 Pferden bespannt.

<u>Auf 8 Stck. 3pfd.ge Füsilier-Bataillons-Kanons</u>

   1   Vorrats-Affuite

mit 2 Knechten und 4 Pferden bespannt.

<u>Auf 16 Stck. 6pfd.ge Bataillons-Kanons</u>

   1   Vorrats-Affuite

mit 2 Knechten und 4 Pferden bespannt.

<u>Auf 5 Stck. 7pfd.ge reitende Haubitzen</u>

   1   Vorrats-Affuite

mit 2 Knechten und 4 Pferden bespannt.

<u>Auf eine 7pfd.ge Haubitz-Reserve-Batterie</u>

   1   Vorrats-Affuite

mit 2 Knechten und 4 Pferden bespannt.

Auf alle übrigen Batterien werden im Park keine Vorrats-Affuiten mitgefahren, weil solche schon in den Batterien befindlich sind.

Wenn hiernach die Anzahl Park-Fahrzeuge für das ganze mobil zu machende Korps bestimmt ist, so teilt man alle diese Fahrzeuge in Train-Kolonnen ein, und beobachtet hierbei folgende Regeln:

1) Dass die zu irgendeiner Batterie gehörigen Munitions-Fahrzeuge nicht zerrissen und in verschiedene Train-Kolonnen verteilt werden.

2) Dass jede Train-Kolonne, um das Personal zu ersparen, aus nicht weniger als 35, und um sie in Ordnung halten zu können, aus nicht mehr als 45 Fahrzeugen bestehe.

3) Dass bei jeder Train-Kolonne eine verhältnismäßige Anzahl Fahrzeuge mit Infanterie-Munition sei.

4) Dass wo möglich jeder Train-Kolonne 1 Gewehrsteinwagen beigefügt werde.

5) Dass die Vorrats-Affuiten verteilt seien und

6) dass die Train-Kolonnen unter sich, so weit es immer nur zu bewirken geht, aus einer gleichen Anzahl von 6 und 4spännigen Fahrzeugen, Knechten und Pferden bestehen mögen.

7) Endlich gibt man noch zu einer jeder Train-Kolonne

2 Schanzzeug-Wagen

jeden mit 2 Knechten und 4 Pferden bespannt;

1 Wagenschmier-Wagen

mit 2 Knechten und 4 Pferden bespannt;

1 Train-Wagen

mit 2 Knechten und 4 Pferden bespannt;

2 Train-Brotwagen

(zum Fortbringen des Brotes für die Artilleristen, Train-Bedienten und Knechte) jeden mit 1 Knecht und 4 Pferden bespannt.

An Train-Bedienten wird zu jeder Train-Kolonne gerechnet

        1 Wagenbauer mit 1 Reitpferd

        1 Wagenmeister mit 1 Reitpferd

        2 Reitschmiede-Gesellen

        1 Sattlergeselle

        1 Train-Chirurgus

        3 Knechte und 5 Pferde zum Packen der Kombine und

          Train-Zelter und darüber hinaus

auf 36 - 40 Pferde   1 Schirrmeister mit 1 Reitpferd

auf 30 Pferde   1 Pferd zum Vorrat

auf 2 Vorrats-Pferde 1 Knecht

Hieraus folgt:

1) Dass man zwar bei Mobilmachung der ganzen Armee die Anzahl der Train-Ko-lonnen, und die dazu gehörigen Schirrbediente, Knechte und Pferde schon im Frieden bestimmen kann.

2) Dass aber bei Mobilmachung irgend eines Korps der Armee die Anzahl der Train-Kolonnen, nach der Stärke dieses Korps und der Art der Truppen, erst berechnet und formiert werden müssen.

3) Dass, wenn im Laufe des Krieges irgend ein Korps detachiert wird, und Vor-rats-Munition mitnehmen soll, man diesem Korps nicht irgend eine Train-Ko-lonne, es sei auch welche es wolle, mitgeben könne, sondern man solche erst aus verschiedenen Train-Kolonnen, nach Verhältnis der Art und Anzahl der Truppen, formieren müsse.

An Artilleristen werden zu der Train-Kolonne gerechnet

 1 Kolonnen-Kommandeur

 1 Second-Leutnant

 4 Korporals

 5 Bombardiers

 1 Tambour

55 Kanoniers

 3 Offiziers-Knechte (2 für den Kolonnen-Kommandeur, 1 für den Sec.-Leutnant)

 5 Offiziers-Pferde (3 für den Kolonnen-Kommandeur, 2 für den Sec.-Leutnant)

Die Bestimmung der Artilleristen ist:
- die Munition zu revidieren
- die im Park oder bei der Armee unbrauchbar gewordene Munition umzuarbeiten
- die Armee mit Munition zu komplettieren
- den Abgang der Munition durch die ledig gewordenen Munitionswagen aus dem, in irgend einer Festung angelegten Feld-Munitions-Depot herbei zu holen
- die bei der Armee abgegangenen Artilleristen sogleich zu ersetzen
- zur Bedienung des Belagerungsgeschützes gebraucht zu werden
- dass ein Teil von ihnen in irgend eine bedrohte Festung zur Bedienung des Defensionsgeschützes geworfen werden könne.

Solange diese bei den Park-Kolonnen befindlichen Artilleristen nicht bis auf die Hälfte geschmolzen sind, wird im Laufe der Campagne kein Ersatz derselben gemacht, sobald dieser Fall aber eintritt, werden sie durch Depotisten, mit welchen die Artillerie im Kriege augmentiert wurde, komplettiert.

Eine **Handwerks-Kolonne** hat

1	Feldschmiede

mit 2 Knechten und 6 Pferden bespannt.

1	Eisen- und Kohlenwagen
1	Wagen mit Handwerkszeug für die Stellmacher
1	Wagen mit Handwerkszeug für die Zimmerleute

jeder mit 2 Knechten und 4 Pferden bespannt.

3	Räderwagen, worauf auch das gewöhnliche Nutzholz und ein gewöhnliches Hebezeug fortgebracht wird

jeder mit 2 Knechten und 6 Pferden bespannt.

1	Brotwagen

mit 1 Knecht und 4 Pferden bespannt.

Zu einer Handwerks-Kolonne kommen als Personal

1 Zeugschreiber als Führer der Kolonne mit 1 Knecht und 2 Pferden

1 Schirrmeister mit 1 Reitpferd	1 Sattler-Geselle
1 Zeugschmiedemeister	4 dergleichen Gesellen
1 Stellmachermeister	4 dergleichen Gesellen
1 Zimmermeister	4 Zimmergesellen
1 Train-Chirurgus	1 Knecht mit 2 Pferden zum Vorrat

Summa: 19 Trainbediente, 17 Knechte, 45 Pferde, 8 Wagen

Eine **Laboratorien-Kolonne** besteht aus

1 Feuerwerks-Leutnant mit 1 Knecht und 2 Pferden

6 Oberfeuerwerkern	1 Korporal
2 Bombardiers	12 Kanoniers mit

3	Munitionswagen mit Pulver und Bei inkl. für die Jäger

jeder mit 2 Knechten und 4 Pferden bespannt.

4 dergleichen mit Laboratorien-Gerätschaften

jeder mit 2 Knechten und 4 Pferden bespannt.

1 Brotwagen

mit 1 Knecht und 4 Pferden bespannt.

Zu einer Laboratorien-Kolonne kommen als Personal

1 Schirrmeister mit 1 Reitpferd

1 Train-Chirurgus   1 Knecht und 2 Pferde zum Vorrat

Summa: 1 Offizier, 21 Artilleristen, 2 Trainbediente, 16 Knechte, 35 Pferde, 8 Fahrzeuge

Auf 4 Füsilier-Bataillons wird ein 3pfd.ges Reserve-Kanon, mit 2 Knechten und 4 Pferde bespannt, im Park mitgefahren und einer Laboratorien-Kolonne zugeteilt.

Eine **Brandgeschoss-Kolonne** besteht aus

1 Feuerwerks-Leutnant mit 1 Knecht und 2 Pferden

1 Oberfeuerwerker   1 Feuerwerker

4 Bombardiers   3 Kanoniers mit

3 10pfd.ge Haubitz-Granatwagen

7 7pfd.ge dergleichen mit Munition für Reit- und ordinäre Haubitzen

3 12pfd.ge Kartuschwagen

2 6pfd.ge dergleichen

jeder mit 2 Knechten und 6 Pferden bespannt.

1 Train-Wagen

mit 2 Knechten und 4 Pferden bespannt.

1 Brotwagen

mit 1 Knecht und 4 Pferden bespannt.

Dazu kommen

2 Schirrmeister mit 2 Reitpferden   1 Reitschmiedegeselle

1 Train-Chirurgus   2 Knechte und 4 Pferde zum Vorrat

Summa: 1 Offizier, 9 Artilleristen, 4 Trainbediente, 25 Knechte, 74 Pferde, 17 Fahrzeuge

Die Beladung erwähnter Munitionswagen mit dem erforderlichen Geschoss besorgt der Feuerwerks-Leutnant, welcher eine dergleichen Kolonnen erhält. Selbige werden wie folgt beladen

1 10pfd.ger Haubitz-Granatwagen mit 48 Kugeln nebst Kartuschen

1 7pfd.ger Granatwagen mit 85 Kugeln nebst reitenden und ordinären Kartuschen

1 12pfd.ger Kartuschwagen mit 105 Kugeln nebst Kartuschen

1 6pfd.ger Kartuschwagen mit 200 Kugeln nebst Kartuschen

Der Train-Wagen wird, außer mit verschiednen Vorratssachen, noch mit Laboratorien-Geräten beladen.

Eine **Brücken-Kolonne** hat

      8   Wagen oder 4 Brücken, indem 2 Wagen eine Brücke aus-machen, wovon einer die Balken und der zweite die Bretter geladen hat

jeder mit 3 Knechten und 6 Pferden bespannt.

Dazu kommen

1 Schirrmeister mit 1 Reitpferd

1 Zimmermeister   8 dergleichen Gesellen

Summa: 10 Trainbediente, 24 Knechte, 49 Pferde, 8 Fahrzeuge

Ein **fliegendes Pferde-Depot** ist

ein solches, welches der bei der Armee befindlichen Artillerie beständig folgen soll. Ein jedes besteht aus

      3   Fouragewagen

jeder mit 2 Knechten und 6 Pferden bespannt.

      1   Brotwagen

mit 1 Knecht und 4 Pferden bespannt.

Dazu kommen

1 Train-Offizier mit 2 Knechten

1 Ober-Wagenmeister mit 1 Knecht und 2 Pferden

1 Wagemeister mit 1 Reitpferd   3 Schirrmeister mit 1 Reitpferd

1 Reitschmiedegeselle   1 Train-Chirurgus

50 Knechte mit 100 Depotpferden

Summa: 1 Offizier, 7 Trainbediente, 60 Knechte, 128 Pferde, 4 Fahrzeuge

Der Train-Offizier erhält 4 Pferde, die ihm in Geld bonifiziert werden.

Ein **stehendes Pferde-Depot** ist

beständig einige Meilen hinter der Armee in der Nähe des Haupt-Magazins. Sel-biges refraichiert das fliegende Pferde-Depot mit gesunden Pferden, und darin werden auch kranke und marode Pferde zur Kur abgeliefert.

Der Etat sind 200 Pferde inkl. 50 Stück, welche das Lazarett ausmachen, und da er nicht kampiert, sondern beständig kantoniert, so hat es auch nur

      2   Fouragewagen

jede mit 2 Knechten und 6 Pferden bespannt.

      1   Brotwagen

mit 1 Knecht und 4 Pferden bespannt.

      1   Wagen für die Medizin und das Handwerkszeug des Kur-schmiedemeisters

mit 2 Knechten und 4 Pferden bespannt.

Dazu kommen

1 Train-Offizier mit 2 Knechten

1 Ober-Wagenmeister mit 1 Knecht und 2 Pferden

2 Wagenmeister mit 2 Reitpferden

5 Schirrmeister mit 5 Reitpferden	1 Kurschmiedemsieter
2 Kurschmiedegesellen	1 Sattlergeselle
1 Train-Chirurgus	100 Knechte bei den Depotpferden

Summa: 1 Offizier, 13 Trainbediente, 110 Knechte, 230 Pferde, 4 Fahrzeuge.

Der Train-Offizier erhält 4 Pferde in Geld bonifiziert.

Der **Ponton-Train** und

dessen Stärke richtet sich nach der Breite der, in der Provinz befindlichen Flüsse, in welcher Krieg geführt werden soll. Wenn die Breite des Flusses bestimmt ist, so lässt sich die Anzahl der dazu erforderlichen Pontons dadurch berechnen, dass jederzeit 2 Pontons von Mitte zu Mitte gerechnet 10 Fuß Brücke ergeben.

Zu einem Ponton-Train von 110 Pontons kommen

1 Kompanie-Chef mit 2 Knechten und 4 Pferden
1 Premier-Leutnant mit 1 Knecht und 2 Pferden
1 Second-Leutnant mit 1 Knecht und 2 Pferden
1 Sergeant   5 Korporals
48 Pontoniers, d.h. eine komplette Pontonier-Kompanie, welche aber bei der Mobilmachung des Pontons-Trains noch mit
3 Korporals und   52 Pontoniers, wozu die resp. Kammern gesund und treue Leute, die auf Schiffs-Gefäßen gedient haben, liefern müssen, augmentiert.

Dazu kommt noch

1 Knecht mit 2 Pferden zum Packen der Montierungsstücke

Zum Packen der Zelter, sowohl für die Pontoniers als Train-Bediente und Knechte, werden keine Zelter-Packpferde gerechnet, da die Zelter auf den Fahrzeugen fortgebracht werden.

Zu einem Ponton-Train von 50 Pontons kommen

1 Second-Capitaine mit 2 Knechten und 3 Pferden
1 Second-Leutnant mit 1 Knecht und 2 Pferden
1 Sergeant   2 Korporals
24 Pontoniers oder wie halbe Pontonier-Kompanie, welche bei der Mobilmachung noch mit
2 Korporals   26 Pontoniers augmentiert werden.

Dazu kommt noch

1 Knecht mit 1 Pferd zum Packen der Montierungsstücke.

Zu einem **Ponton-Train von 100 (50) Pontons** sind erforderlich:

100 (50)	Pontons nebst Wagen	200 (100) Knechte, 600 (300) Pferde	
5 (3)	Vorrats-Pontonwagen	10 (6)	30 (18)
1	Feldschmiede	2	6
1	Wagen zu Kohlen und Eisen	2	4

1	Wagen zu Sattler-Werkzeug	2	4
1	Wagen zu Stellmacher-dito	2	4
1	Wagen zu Klempner-dito	2	4
5 (3)	Train-Wagen	10 (6)	20 (18)
2 (1)	Kompanie-Brotwagen	2 (1)	8 (4)
2 (1)	Brotwagen vom Train	2 (1)	8 (4)
2 (1)	Fouragewagen	4 (2)	12 (6)
121 (64)	Fahrzeuge in Summe		

Dazu kommen

2 (1)	Trainoffiziers	4 (2)	8 (4)
2 (1)	Wagenbauer		2 (1)
4 (2)	Wagenmeister		8 (4)
18 (9)	Schirrmeister		18 (9)
4 (2)	Reitschmiedegesellen		
1	Sattlermeister		
3 (2)	Sattlergesellen		
1	Zeugschmiedemeister		
4 (2)	Zeugschmiedegesellen		
1	Stellmachermeister		
4 (2)	Stellmachergesellen		
1	Klempnermeister		
8 (4)	Klempnergesellen		
3 (2)	Train-Chirurgie		
	zum Vorrat	12 (6)	24 (12)
56 (31)	in Summe	252 (133) Knechte,	748 (390) Pferde

Unter den 748 (390) Pferden sind die 8 (4) Pferde der Train-Offiziers begriffen, welche denselben in Geld bonifiziert werden.

2.1.4 Die Ausrüstung der Truppenkörper in den Plätzen[2] :

An Einheiten wurden in den aufgeführten Depots ausgerüstet:

I. in Berlin

Zur 1sten Mobilmachung:

4 - 12pfd.ge Batterien No. 1, 2, 4, 5   1 - 10pfd.ge Mortier-Batterie No. 1

6 - 6pfd.ge reitende Batterien No. 1, 2, 3, 4, 11, 12[3]

1 Handwerks-Kolonne No. 1   1 Brücken-Kolonne No. 1

1 fliegendes Pferdedepot No. 1   40 Pontons

Zur 2ten Mobilmachung

1 - 7pfd.ge Pack-Mortier-Batterie No. 1   1 - 6pfd.ge Reserve-Batterie No. 1

1 - 7 pfd.ge Haubitz-Batterie No. 1   5 Train-Kolonnen No. 1, 2, 3, 4, 5

---

2 GStA Berlin, Bestand 6 V 83 für 1799

3 1799 besetzten die 7 Kompanien 14 reitende Batterien, 1806 10 Kompanien 20 Batterien.

2 Laboratorien-Kolonnen No. 1, 2   1 stehendes Pferdedepot No. 1

II. in Magdeburg

Zur 1sten Mobilmachung:

7 - 12pfd.ge Batterien No. 15, 16, 17, 18, 19, 20, 22

1 Handwerks-Kolonne No. 4   1 fliegendes Pferdedepot No. 4

60 Pontons

Zur 2ten Mobilmachung

1 - 6pfd.ge Reserve-Batterie No. 4   4 Train-Kolonnen No. 11, 12, 13, 14

1 Laboratorien-Kolonne No. 4

III. in Warschau

Zur 1sten Mobilmachung: 2 - 6pfd.ge reit. Batterien No. 9, 10

IV. in Königsberg[4]

Zur 1sten Mobilmachung:

9 - 12pfd.ge Batterien No. 31, 32, 33, 34, 35, 36, 37, 38, 39

4 - 6pfd.ge reitende Batterien No. 6, 7, 8, 13

1 Handwerks-Kolonne No. 7   1 Brücken-Kolonne No. 4

1 fliegendes Pferdedepot No. 7   60 Pontons

Zur 2ten Mobilmachung

2 - 6pfd.ge Reserve-Batterie No. 7, 8   1 - 7 pfd.ge Haubitz-Batterie No. 4

7 Train-Kolonnen No. 20, 21, 22, 23, 24, 25, 26

1 Brandgeschoß-Kolonne No. 2   2 Laboratorien-Kolonnen No. 7, 8

1 Handwerks-Kolonne No. 8   1 fliegendes Pferdedepot No. 8

1 stehendes Pferdedepot No. 4

V. in Graudenz

Zur 1sten Mobilmachung:

3 - 12pfd.ge Batterien No. 27, 29, 30   1 Handwerks-Kolonne No. 6

1 Brücken-Kolonne No. 3   1 fliegendes Pferdedepot No. 6

40 Pontons

Zur 2ten Mobilmachung

1 - 6pfd.ge Reserve-Batterie No. 6   1 - 7 pfd.ge Haubitz-Batterie No. 3

2 Train-Kolonnen No. 18, 19   1 Laboratorien-Kolonne No. 6

1 stehendes Pferdedepot No. 3

VI. in Breslau

Zur 1sten Mobilmachung:

8 - 12pfd.ge Batterien No. 6, 7, 8, 9, 10, 11, 12, 13

1 - 10pfd.ge Mortier-Batterie No. 2   2 - 6pfd.ge reit. Batterien No. 5, 14

1 Handwerks-Kolonne No. 2   1 Brücken-Kolonne No. 2

---

[4] „...auch bei der letzten Mobilmachung der Etat dadurch verändert ist, daß die reitende Artillerie verstärkt, dagegen hier und in Graudenz Trainkolonnen eingegangen und die übrigen verstärkt wurden" Kreis- und Domrat v.d.Golz an den König; Königsberg 23.04.1806

1 fliegendes Pferdedepot No. 2

Zur 2ten Mobilmachung

2 - 6pfd.ge Reserve-Batterien No. 2, 3

1 - 7 pfd.ge Haubitz-Batterie No. 2

5 Train-Kolonnen No. 6, 7, 8, 9, 10

1 Laboratorien-Kolonne No. 3

1 Handwerks-Kolonne No. 3

1 fliegendes Pferdedepot No. 3

1 stehendes Pferdedepot No. 2

VII. in Glogau

Zur 1sten Mobilmachung:

5 - 12pfd.ge Batterien No. 23, 24, 25, 26, 28

1 Handwerks-Kolonne No. 5

1 fliegendes Pferdedepot No. 5

43 Pontons

Zur 2ten Mobilmachung

1 - 6pfd.ge Reserve-Batterie No. 5

3 Train-Kolonnen No. 15, 16, 17

1 Laboratorien-Kolonne No. 5

VIII. in Neisse

Zur 1sten Mobilmachung:

10 Pontons

IX. in Schweidnitz

Zur 2ten Mobilmachung

1 Brandgeschoß-Kolonne No. 1

Die Zahl der Batterien, Kolonnen und Depots betrug damit insgesamt:

36 Stück 12pfd.ge Batterien mit 216 Stück 12-Pfündern und 72 Stück 10pfd.ge Haubitzen

20 Stück reitende Batterien mit 120 Stück reitenden 6-Pfündern und 40 Stück reitenden 7pfd.gen Haubitzen

150 schwere Infanterie-Bataillone mit 300 Stück 6pfd.gen Kanonen

8 Stück 6pfd.ge Reserve-Batterien mit 96 Stück schweren 6-Pfündern

4 Stück 7pfd.ge Haubitz-Batterien mit 32 Stück 7pfd.gen Haubitzen

2 Stück 10pfd.ge Mortier-Batterie mit

1 Stück 7pfd.ge Pack-Mortier-Batterie

26 Train-Kolonnen[5]

2 Brandgeschoß-Kolonnen

8 Laboratorien-Kolonnen

8 Handwerks-Kolonnen

4 Brücken-Kolonnen

8 fliegende Pferde-Depot

4 stehende Pferde-Depots

---

[5] Die Train-Kolonne No. 20 bestand aus 20 Kartuschwagen (1x 3pfd., 11x 6pfd., 8x 12pfd.), 7 Granatwagen (1x 7pfd. reitend, 1x 7pfd. ordinär, 5x 10pfd.), 10 Patronenagen (8x Infanterie, 2x Kavallerie), 1 6pfd.gen Vorratslafette, 2 Schanzzeugwagen, 1 Trainwagen, 1 Wagenschmierwagen und 2 Train-Brotwagen. (Angaben aus den Zeitraum 1799 - 1805)

2.2 Die Organisation des Korps

Die Artillerie-Inspektion des General-Leutnants v.Merkatz (Inspektions-Adjutant Second-Leutnant Braun) bestand aus dem Feld-Artillerie-Korps und der Festungs-Artillerie. Das Feld-Artillerie-Korps teilte sich in 4 Regimenter Fuß-Artillerie und 1 Regiment reitender Artillerie, letzteres erst 1805 errichtet. Jedes Regiment bestand aus 10 Kompanien. Die Kompanien waren im Korps durchnummeriert.

Von diesen Einheiten standen das 1te und 3te Regiment zu Fuß sowie 6 reitende Kompanien in Berlin, das 2te Regiment und 1 reitende Kompanie in Breslau, das 4te Regiment und 2 reitende Kompanien in Königsberg i.Pr. sowie 1 reitende Kompanie in Warschau.

Ein **Regiment zu Fuß**[6] bestand in:

1 Regiments-Chef	1 Regiments-Tambour
1 Kommandeur	20 Kompanie-Tambours
4 Stabsoffizieren	10 Kompanie-Chirurgi
4 Capitaines	8 Hautboisten
6 Seconde-Capitaines	1 Regiments-Quartiermeister
4 Premier-Leutnants	1 Auditeur
2 Adjutanten	1 Regiments-Chirurg[7]
2 Feuerwerks-Leutnants	1 Profoß
30 Seconde-Leutnants	
10 Oberfeuerwerkern	
30 Feuerwerkern	
100 Unteroffiziers	
220 Bombardiers	
360 Gefreiten-Kanoniers	
<u>1240 Kanoniers</u>	

2057 Mann gesamt[8] und damit je Kompanie aus

1 Capitaine	160 Kanoniers
3 Leutnants	2 Tambours
14 Unteroffiziers	<u>1 Kompanie-Chirurg</u>
22 Bombardiers	203 Mann gesamt

Die Fuß-Artillerie formierte im Kriegsfall ein Depot von

1 Stabs-Capitain,	86 Unteroffizieren
8 Leutnants	860 Kanonieren

Bei der Fuß-Artillerie gab es 2 bespannte Exerzier-Batterien[9], eine in Berlin und die andere in Breslau.

---

[6] Hier exemplarisch das 1ste Regiment zu Berlin 1799/1800; Etat sh. Anlage 1

[7] Das 3te Regiment führte weder Quartiermeister noch Auditeur oder Regiments-Chirurg.

[8] Ganzjährig verbleiben hiervon in der Brotverpflegung die 140 Unteroffiziere, 220 Bombardiere, 29 Spielleute, 10 Chirurgii und der Profoß nebst 750 Kanonieren. 850 Mann waren beurlaubt und wurden nur in der Exerzierzeit auf 1 Monat eingezogen.

[9] Ein Etat zu diesen beiden Batterien haben sich bisher nicht auffinden lassen

Das **Regiment reitender Artillerie** war in den Kompanien bei den Mannschaften[10] ähnlich einem Regiment zu Fuß mit

1 Oberfeuerwerker	36 Gefreiten-Kanoniers
3 Feuerwerkern	136 Kanoniers
10 Unteroffizieren	2 Trompeter
22 Bombardieren	1 Kompanie-Chirurg

organisiert. Die in Berlin und Königsberg stehenden Kompanien hatten 97 Beurlaubte, die in Breslau und Warschau einzeln stehenden Kompanien nur 57 Beurlaubte. Ein Verpflegungs-Etat dieses Regiments hat sich bisher nicht auffinden lassen, so dass genaue Aussagen hinsichtlich eines Stabs-Trompeters, den Hautboisten und dem Regiments-Chirurgen nicht vorhanden sind.

Jede reitende Kompanien formierte in Friedenszeiten eine so genannte Exerzierbatterie mit 6 Stück 6pfd.gen Kanonen. Dazu waren an Mannschaft nötig

6 Feuerwerkern und Unteroffiziers	1 Kurschmied
14 Gefreiten-Kannoniers	18 Knechten
40 Kanoniers	36 Zugpferde
1 Kompanie-Trompeter	61 Reitpferde
80 Mann, 6 Geschütze und	97 Pferde gesamt.

Die reitende Artillerie formierte im Mobilmachungsfall ein Depot von

1 Leutnant	14 Unteroffizieren
	140 Kanonieren

An **Offizieren** (die Kompanie-Inhaber mit No. ihrer Kompanie), befanden sich nach der Rangliste von 1806 beim

1ten Regiment (Kompanien-No.: 5, 17, 21, 22, 23, 28, 30, 41, 42, 43)
1 Generalleutnant (Merkatz/5), 1 Oberst (Pontanus/41), 2 Oberstleutnants (Wille/23, Lehmann/43), 2 Majors (Menz/21, Strampf/42), 4 wirkliche (Stanckar/17, Kirchfeldt/22, Koch/28, Krüger/30) und 5 Stabs-Capitains, 5 Premier- und 32 Second-Leutnants.

2ten Regiment (Kompanien-No.: 4, 6, 8, 12, 13, 16, 18, 19, 20, 26)
1 Generalmajor (Schönermark/6), 1 Oberst (Strampf/8), 3 Majors (Faber/13, Fiebig/18, Neuland/12), 5 wirkliche (Rilcke/4, Schulenburg/16, Jacobi/19, Glasenapp/20, Riemann/26) und 6 Stabs-Capitains, 4 Premier- u. 36 Second-Leutnants.

3ten Regiment (Kompanien-No.: 3, 7, 10, 11, 14, 15, 24, 25, 27, 29)
1 Generalleutnant (Tempelhof/3), 1 Oberst (Boumann/7), 4 Majors (Höpfner/14, Schulze/10, Stockhausen/11, Winckelmann/29), 4 wirkliche (Hahn I/15, Heuser/24, Scheffer/25, Lange/27) 8 Stabs-Capitains, 2 Premier- u. 35 Second-Leutnants.

4ten Regiment (Kompanien-No.: 31, 32, 34, 35, 39, 45, 46, 47, 48, 50)
1 Generalmajor (Hartmann/31), 1 Oberst (Hertig/34), 4 Majors (Mechow/46, Op-

---

10 Zu einer Kompanie gehörten an Offizieren 1 Capitaine oder Seconde-Capitaine, 1 Premierleutnant und 3 Seconde-Leutnants.

pen/35, Widekind/47, Huguenin/50), 4 wirkliche (Braatz/32, Arendt II/39, Kulcke/45, Heidenreich/48) und 3 Stabs-Capitains, 7 Premier- und 33 Second-Leutnants.

Reitenden Regiment (Kompanien-No.: 1, 2, 9, 33, 36, 37, 38, 40, 44, 49)
3 Oberste (Hüser als Kdt. en Chef/37, Eckenbrecher/2, Neander/40 alle Berlin), 1 Oberstleutnant (Decker/44 Warschau), 1 Major (Brockhausen/1 Königsberg), 5 wirkliche (Holtzendorf/9, Merkatz/33, Scholten/38 alle Berlin; Hahn II/36 Breslau, Schmidt/49 Königsberg) 6 Stabs-Capitains, 4 Premier- und 34 Second-Leutnants[11].

Dazu kamen als **Unterstab** beim

1ten und 3ten Regiment
Rendant Kriegsrat Busse, RQM Kriegsrat Simpler, Ober-Auditeur Wilkins, Auditeur Hübner und General-Stabs-Chirurg Dr. Görcke

2ten Regiment
RQM Reise, Auditeur Menzel und Regiments-Chirurg Hähnel

4ten Regiment
RQM Simpler, Auditeur Quassowsky und Regiments-Chirurg Rudolph

Reitenden Regiment
RQM Kräwel und Auditeur Stosch

Die Regimentsartillerie

Nach dem Infanterie-Reglement von 1788 gehören zu einem schweren Infanterie-Bataillon   1 Artillerie-Unteroffizier und   17 Artilleristen.

Die „Artilleristen", je 4 Mann/Kompanie zzgl. Unteroffizier (1.Musk.-Kpn.) und 17.Mann (4.Musk.-Kpn.), waren artilleristisch ausgebildete Infanteristen, die bei den Feldkompanien des jeweiligen Infanterie-Regiments eingeteilt standen. Der Artillerie-Unteroffizier wurde vom Artillerie-Korps auf 3 Jahre in das jeweilige Regiment kommandiert.

Die fehlenden 8 Mann waren die erst im Mobilmachungsfall einzuziehenden Zimmerleute (2 je Kompanie).

Die gesamte Artillerie zählte im Feld 270 Offiziere, 700 Feuerwerker und Unteroffiziere, 1.100 Bombardiere, 145 Spielleute und 8.220 Kanoniere; der Artillerie- und Ponton-Train 17 Offiziere, 1.313 Trainbediente und 8.913 Knechte.

---

[11] In der Rangliste von 1806 werden noch 14 Second-Leutnants aufgeführt, die 1806 ernannt wurden und bei denen keine Regimentseinteilung hinterlegt ist.

3.   Die Ausrüstung
3.1   Die Maße

| Längenmaße | Rheinischer Fuß | 0,3138535 m, geteilt in 12 Zoll |
| | Rheinischer Zoll | 0,0261545 m |

Gewichtsmaße	Zentner	51,525 kg, geteilt in 110 Pfund
	Pfund	468,535 g, geteilt in 32 Loth
	Loth	14,642 g

3.2   Die Geschütze

Zu dieser Zeit wurden bei der preußischen Artillerie im Feld eingesetzt:

3pfd.ge, 6pfd.ge und 12pfd.ge Kanonen

7pfd.ge und 10pfd.ge Haubitzen

7pfd.ge und 10pfd.ge Mortiers[12]

3.2.1   Die Geschützrohre

Bei den **Kanonen** waren dies im Einzelnen

<u>12-Pfünder</u>
- der schwere 22 D lange „Brummer"; Konstruktion von 1761

<u>6-Pfünder</u>
- der leichte 18 D lange Dieskausche; Konstruktion von 1771
- der schwere 22 D lange Dieskausche; Konstruktion von 1762

<u>3-Pfünder</u>
- der 20 D lange Dieskausche; Konstruktion von 1768

Kanonenrohre		Gewicht		Ladung		Bohrung		Kugel		Länge Rohr	
		Pfund	kg	Pfund	kg	Zoll	cm	Zoll	cm	Kugel	cm
12pfd.	schwer	3.192	1.496	5,00	2,34	4,54	11,87	4,36	11,40	22	251
6pfd.	schwer	1.617	758	2,25	1,05	3,60	9,42	3,46	9,05	22	199
	leicht	935	438	2,25	1,05	3,60	9,42	3,46	9,05	18	163
3pfd.		550	258	1,25	0,59	2,86	7,48	2,75	7,19	20	144

Seit 1759 hatten die 6- und 12-Pfünder Schildzapfenscheiben.

Seit 1774 wurde die bisher spitze Traube rund. Seit 1777 erschienen Bodengesimse, die nur aus einer breiten Platte nebst Karnieß und Stäbchen bestanden.

Am 10.10. (für 6-Pfünder) und 19.11.1796 wurden vom Ersten Departement des Ober-Kriegs-Kollegiums und der General-Inspektion der Artillerie die Konstruktionen aller Feldgeschütze festgestellt. Danach sollten die Geschütze nach der Konstruktion von 1777 mit der breiten Bodenfriese gegossen werden. Entgegen dieser Vorschrift wurden noch bis 1798 Geschütze mit halbrunden Böden gegossen, auch erscheinen später noch Friesen in der Form von 1774. (MB II 94)

---

[12] werden im Nachfolgenden technisch nicht behandelt, da sie im Feldzug von 1806 keine Rolle spielten.

1774 verloren die 3-Pfünder und die leichten 6-Pfünder die Henkel. Die schweren Kanonen behielten diese in Form der Greife. (MB I 95)

Die Schilder auf den Geschützen befand sich auf den Bodenstück der Namenszug des Königs mit der Überschrift „Ultima ratio regis" und auf dem langen Feld aus dem Adler mit der Überschrift „Pro gloria et patria". Doch blieben die Formen der Schilder, in denen diese Dekorationen standen, stets mehr oder minder der Willkür der Ziselierarbeiter überlassen, so dass bei aller anscheinenden Übereinstimmung in diese Beziehung fast keins dem andern völlig gleicht. (MB II 75)

Abb. 02: Schild Bodenstück (Kanone)   Abb. 03 Schild langes Feld (Kanone)

Das **Zündloch** stand in der Regel senkrecht, ausnahmsweise auch nach hinten geneigt und war seit 1740 gewöhnlich 0,3 Zoll weit. Doch kommt auch die Weite von 0,25 Zoll später immer häufiger vor.

Bei den **Haubitzen** waren dies im Einzelnen

10pfd.ge
- die ordinäre 41 Zoll lange, in der Konstruktion von 1762

7pfd.ge
- die ordinäre 36 Zoll lange; in der Konstruktion von 1762
- die reitende 36 Zoll lange; in der Konstruktion von 1790

Das Gewicht belief sich bei den 7pfd.gen ordinären auf 102 - 106, bei den reitenden auf 83, und bei den 10pfd.gen Haubitzen auf 137 - 138 Pfund auf jedes Pfund des Nenngewichtes.

Die Kammern waren zylindrisch, der Boden flach und in den Ecken mit mit $1/4$ der Kammerweite ausgerundet; die der 7pfd.gen ordinären auf die größere Ladung von 2 Pfund berechnet und 8,0 Zoll lang und 3,25 Zoll weit; die der reitenden auf

Abb. 04   10pfd. Haubitzrohr (No. 41 von 1783 / Borodino)

Abb. 05   10pfd. Haubitzrohr (No. 38 o.J. / Borodino)

Abb.06 Rohrboden mit Traube (No. 41)

Abb. 07 Kopfstück (No. 41)

1 ¹/₂ Pfund dabei aber 8,5 Zoll lang und 2,84 Zoll weit. Die der 10pfd.gen Haubitze fassten 4 Pfund Pulver und waren 10,0 Zoll lang, 4 Zoll weit. Der Kessel aller dieser Haubitzen hatte eine gewöhnliche Form; davor aber befand sich bei den reitenden Haubitzen und den 10pfd.gen seit 1784 ein konischer Teil, der bei jenen bis zur Schildzapfenachse reichte, bei diesen aber nur 2 Zoll lang war. Der übrige Teil der Seele hatte eine zylindrische Form. (MB I 103)

Haubitzrohre		Gewicht		Ladung		Bohrung		Granate		Länge Rohr	
		Pfund	kg	Pfund	kg	Zoll	cm	Zoll	cm	Zoll	cm
10pfd.	ordinär	1.370	642	4,00	1,87	6,6	17,26	6,4	16,74	41	107
7pfd.	ordinär	735	344	2,00	0,94	5,75	15,04	5,6	14,65	36	94
	reitend	581	272	1,50	0,70	5,68	14,86	5,6	14,65	36	94

Die Schilder auf Bodenstück und langem Feld glichen denen der Kanonen.

Abb. 08 Schild Bodenstück (Haubitze)   Abb. 09 Schild langes Feld

Das Zündloch machte man mit 0,25 Zoll, bei den 10pfd.gen von 1784 aber 0,30 Zoll weit.

Auch bei den Haubitzen erhielt die Traube eine runde Form, doch kommen bei den 10pfd.gen Konstruktionen vor, an denen die Traube die alte Form hat.

Bei den Haubitzen bestanden die Bodengesimse, ähnlich wie bei den Kanonen, aus mehreren, nach vorn stufenförmig abfallenden Platten nebst Karnieß und Stäbchen; doch kommen bei den 7pfd.gen seit Einführung der reitenden Haubitzen, und bei den 10pfd.gen seit 1796 nur die breiten Bodenfriesen vor, wie sie bei den Kanonen dieses Zeitraumes angegeben werden. Bei der 7pfd.gen ordinären wurden seit 1790 die Friesen am langen Feld hinten durch ein Karnieß und bei den 10pfd.gen das Bändchen am Bodenstück vorn durch ein Gesims (wie das am langen Feld vorn) ersetzt.

Die reitenden Haubitzen unterschieden sich äußerlich von den übrigen sehr auffallend durch einen kurzen ausgeschweiften Kopf; daneben waren die Schildzap-

Abb. 10   leichte 6pfd. Kanonenrohre (No. 126 o.J., vorn; No. 11 von 1797 / Moskau)

Abb. 11   leichte 6pfd. Kanonenrohre (No. 126 o.J., links; No. 11 von 1797 / Moskau)

Abb. 12   3pfd. Kanonenrohre (No. 76 von 1782, vorn; No. 31 von 1787 / Moskau)
No. 76 hat weder auf dem Bodenstück noch auf dem langen Feld Schilder.

fen schwächer und der Lagerpunkt nur 0,5 Zoll (sonst $1/2$ Schildzapfenstärke) versenkt.

Alle Haubitzen sollten Schildzapfenscheiben haben, doch wurden 1786 noch solche ohne Scheiben gegossen.

Die Henkel hatten die Form der Greife.

Der **Aufsatz** war schon seit längerer Zeit für Kanonen und Haubitzen ein an die Bodenverstärkung angeschraubtes Klappvisier, welches mit einer Zolleinteilung und von Viertelzoll zu Viertelzoll mit einem Visierloch versehen war. Bei dem 3-Pfünder betrug die Länge dieser Einteilung 2 $1/2$ und bei den 6- und 12-Pfündern 3 Zoll. (MB I 92)

3.2.1.1 Die Geschützrohre - Angaben zu Originalstücken

Moskau, Panoramamuseum Borodino (Stand 2015)

Um das Panoramamuseum liegen an preußischen Rohren:

<u>12 Stück 3pfd.ge Kanonenrohre</u>, mit Monogramm und „Ultima ratio Regis"; Adler und „Pro gloria et patria"

W: 5. C: 60. PF:	NO: 59.	Berlin. 1802.	M:
W. 5. C. 50. PF.	NO: M. 8.	1798	
W. 5. C. 60. PF.	NO: M. 30.	1798	
W. 5. C. 58. PF.	NO: M. 27.	1798	
W: 5. C: 90: PF:.	NO. 26:		BR:.
W: 5. C: 65. PF:	NO M: (7?)3.	1795	
W: 5 C: 65 PF:	NO: 33	1787	
W 5 C 65 PF	NO 67	1802	
W: 5. C: 29. PF:	NO: 14		
W. 5. C. 69. PF.	NO: 64	1800	
W. 5 C: 56 PF:	NO: 31	1787	
W: 5. C: 62. PF:	NO: 76	1782.	M: (ohne Monogramm)

<u>7 Stück 6pfd.ge Kanonenrohre</u>, mit Monogramm und „Ultima ratio Regis"; Adler und „Pro gloria et patria";

W. 8. C. 55. PF.	NO: (?)2	1798	
W. 8. xx 6. PF.	N 114	1xx0 (1780, 1790, 1800?)	
W: 8. C: 60. PF:	NO: 114	1781	
W. 8. C 38. PF.	NO: 11	1797	
W: 8. C: 72. PF:	NO: 126		BR:
W. 8. C 38. PF.	NO: 11	1797	
W: 8. C: 72. PF:	NO: 126		BR:
W. 8. C. 71. PF.	NO: 7	1797	
W: 8. C: 58. PF:	No: 30	1779	
W: 16. C: 95. PF:	No xx		

Abb. 13 mittlerer 12-Pfünder No. ??   Abb. 14 leichter 6-Pfünder No. 31 von 1787

Abb. 15   Monogramm FRW   Abb. 16   Monogramm FR
(mittlerer 12-Pfünder No.??/o.J.)   (10pfd. Haubitze No. 41/1783)

Abb. 17   mittlerer 12-Pfünder

Borodino, Schlachtfeldmuseum

1 Stück 12pfd.ges mittleres Kanonenrohr mit Monogramm FWR und „Ultima ratio Regis"; Adler und „Pro gloria et patria"; (Inv.nr. 158) W: 16. C. 95: PF: No ??[13]

2 Stück 10pfd.ge Habitzrohre mit Monogramm FR und „Ultima ratio Regis"; Adler und „Pro gloria et patria";

W: 12. C: 78. PF: No: 41   1783   M   (Inv.nr. 156)
W: 12: C: 55. PF: No. 36   BR :.[14]   (Inv.nr. 159)

Ingolstadt, Bayerisches Armeemuseum

In Ingolstadt wird unter der Inv.-Nr. B 165 ein 6pfd.ges Kanonenrohr aufgeführt. W: 8. c. 60 Pf. / NO: 4 BR:

Paris, Hotel des invalides / Armeemuseum

1 Stück 12pfd.ges schweres Kanonenrohr mit Lafette, mit Monogramm FR und „Ultima ratio Regis"; Adler und „Pro gloria et patria";
W: 29. C: 65. PF: / NO: M. 17 / 1780 // zwischen den Greifen A / No: 17
(und nicht nachvollziehbar W 17 C 30 links unter dem Monogramm)

Wien, Heeresgeschichtliches Museum

1 Stück 6pfd.ges Kanonenrohr M1771, 18 D lang nach der Konstruktion von 1774[15].

3.2.1.2 Die Geschützrohre - Messdaten

Geschütz	Ort	Inv.Nr.	Länge o. Traube	Seele Durchm.	Länge	Maß
10pfd.ge Haubitze	Borodino	156	1073	172	971	mm
		159	1079	173	962	mm
6pfd.ge Kanone	Moskau	2226	1610	94	k.A.	mm
		2239	1613	94	k.A.	mm
12pfd.ge Kanone	Borodino	158	2040	124	1931	mm
	Paris	538	2500	121	2125	mm

[13] Der Beutegeschützkatalog 1911 führt 4 dieser Rohre mit folgenden Angaben auf:
Monogramm Friedrich Wilhelm und „Ultima ratio Regis"; Adler und „Pro gloria et patria"
17 c. 4 pf./No. 73/Bat 7 ## 16 c. 45 pf./No. 15/1798 ## 17 c. 35 pf./No. 3 ## 16 c. 95 pf.

[14] Nach Aussage des russischen „Artilleriepapstes" Konstantin Igoschin sind die im Beutegeschütz-katalog von 1911 aufgeführten 53 Stück 3pfd., 38 Stück leichte 6pfd. und 4 Stück mittlere 12pfd. Kanonenrohre sowie 10 Stück 7pfd. und 17 Stück 10pfd. Haubitzrohre fast vollständig erhalten. Bei den damaligen Besuchen im Kreml, dem Artilleriemuseum Petersburg und beim Schlachtfeld-museum Borodino lag meine Konzentration auf sächsischem Material, so dass evtl. dort liegende preußische Rohre (leider) nicht wahrgenommen wurden. Wegen der aktuellen Situation ist davon ausgehen, dass dieser Lapsus wohl so schnell nicht ausgebügelt werden kann.

[15] Die anderen Kanonenrohre sind: 1 St. 12pfd.ges M1759, 18 D von 1781, 1 St. 12pfd,ges M1758 von 16 D und 1 St. 24pfd.ges M1717 oder M1754 // http://crogges7ywarmies.blogspot.com/se-arch/label/Painting My SYW Armies

3.2.2 Die Lafetten

Die Lafetten zu den Kanonen und Haubitzen bestehen aus 2 Bohlen, welche durch 4 Riegel verbunden werden und auf einer Achse mit 2 Rädern ruhen.

Die Bohlen zu den Lafetten der Kanonen sind 3 - 4 Kaliber breit, ungefähr 1/4 der Breite stark und 8 - 9 mal die Breite lang.

Die Bohlen zu den Lafetten der Haubitzen sind 3,5 - 4 Durchmesser der Kammer breit, 1/4 - 1/3 der Breite stark und 7 - 8 mal die Breite lang.

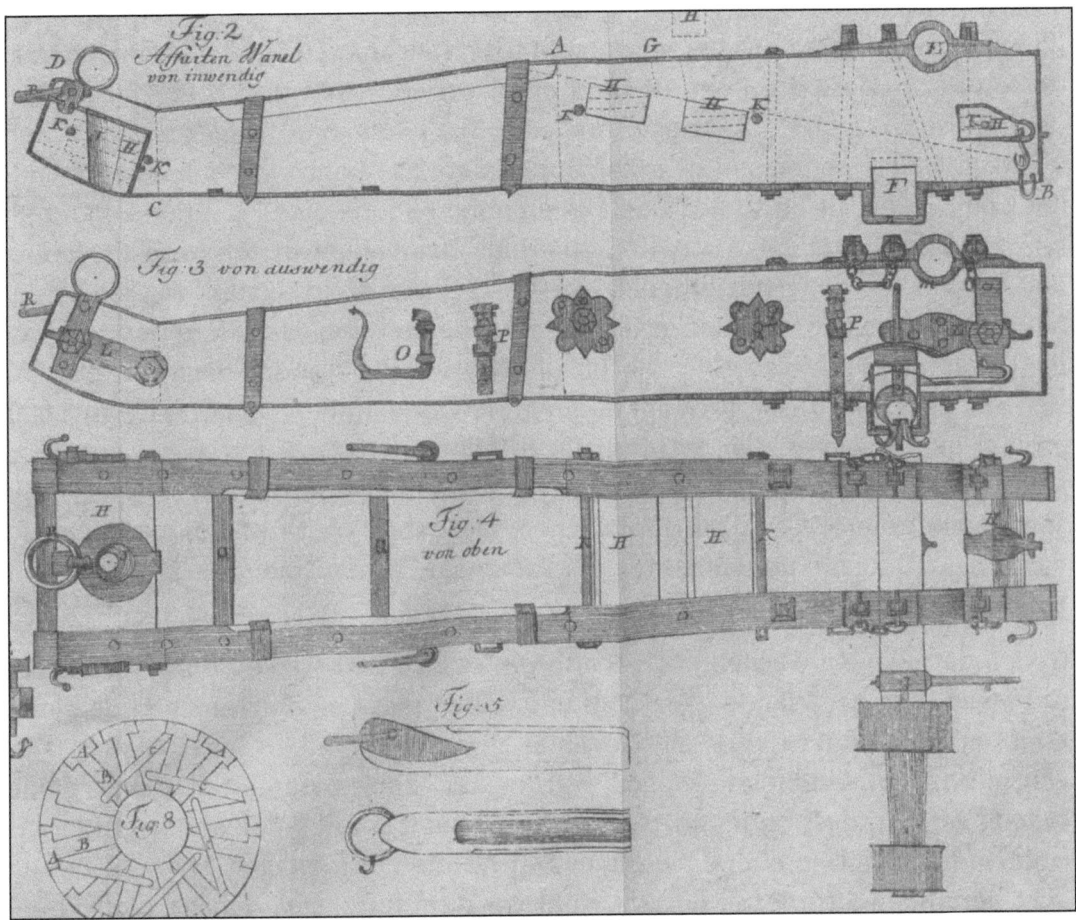

Abb. 18 Lafette (Fig.2 Lafettenwand innwendig, Fig.3 Lafettenwand auswendig; Fig.4 - Ansicht von oben; Fig.5 - Hemmschuh; A- erster Bruch, C- zweiter Bruch, E- Zapfenloch, F- Einschnitt für die Achse, G- Spielung, H- (Verbindungs-) Riegel, K- Bolzen, m- Schildzapfenpfanne, n- Lafettenachsenpfanne, O- Haken, P- Riemen, Q-Bankeisen für Lafettenkasten, R- Protzring)

An dem Bruststück (AB Abb. 18) ist oberhalb das Zapfenloch E und unterhalb der Einschnitt F für die Achse. Das Zapfenloch steht 2/3 der Bohlenbreite von vorne ab und ist so weit, als die Schildzapfen stark sind; wo dieses endet, fängt unterhalb der Achseinschnitt an, dessen Weite sich nach der Stärke der Lafettenwand richtet. Die Entfernung des Lagerpunktes bis zur Erhöhung des Bodengesimses gibt den Ort G (Spielung), wo das Rohr die Lafettenwand berührt. Dieser steht 2/3 der Bohlenbreite von dem Ende des Bruststücks ab. Der Lafettenschwanz (CD) ist so lang, als die Bohle breit ist; der Teil der Lafette zwischen Bruststück und dem Schwanz gibt das Mittelstück (AC).

Das Bruststück hat mit der Bohle einerlei Breite. Das Mittelstück nimmt allmählich vom Anfang A bis zum Ende C um $1/3$ der Bohlenbreite ab. Die Breite am zweiten Bruch gibt die Höhe des Schwanzes, der unterhalb abgerundet ist, damit er beim Schießen im Zurücklaufen des Geschützes leicht über den Erdboden fortläuft; die oberen Ecken werden etwas zurückgenommen, um das Auf- und Abprotzen zu erleichtern.

Im Bruststück werden die Wände durch 3 Riegel H verbunden, der 4te Riegel hält den Schwanz zusammen. Der vorderste Riegel (Stirnriegel) steht so tief, und vorne soweit ab, dass das Rohr 10 Grad unter den Horizont gerichtet - inkliniert - werden kann. Der 2te (Ruhriegel) und der 3te (Stellriegel) tragen zugleich den Richtkeil; beide stehen soweit auseinander, dass das Rohr zwischen ihnen einfallen kann, und zugleich so tief, dass dadurch die Kanone eine Elevation von ungefähr 20 Grad, die Haubitze von 40 Grad erhält. Beim abgetrotzten Geschütz liegen der 2te und 3te Riegel horizontal. Diese 3 Riegel sind eben so stark wie die Bohle, halb so breit und so lang, als es die Auseinanderstehung der Lafettenwände und die Einzapfung in selbige nötig macht. Die Auseinanderstehung der Wände ergibt sich aus der Dicke des Rohres am Bodengesims und an den Schildzapfen mit Einschluss der Scheiben. Der Schwanzriegel steht mit dem Lafettenschwanz ganz gleich und trägt das Protzloch für den Protznagel. Die Stärke dieses Nagels bestimmt die untere Weite des Protzloches, die obere Weite ist doppelt so groß, damit beim Bergauf- und -abfahren der Protznagel genug Spielraum hat und nicht abbricht.

Neben den Riegeln werden noch 5 eiserne, etwa 1 Zoll starke Bolzen K zum Zusammenhalten der Wände gebraucht und haben diese an dem einen Ende einen Kopf, an dem andern aber ein Gewinde zum Aufschrauben einer Mutter. Der gleichförmigen Verbindung wegen werden die Bolzen dergestalt durch beide Wände geführt, dass Kopf und Mutter abwechseln, damit beide aber nicht in das Holz eindrücken, sind dünne Bleche an den Wänden festgenagelt. Der 1ste Bolzen geht durch den Stirnriegel, der 2te steht vor dem Ruhriegel, der 3te hinter dem Stellriegel, der 4te steht vor und der 5te geht durch den Schwanzriegel.

Das Rohr wird durch die Schildzapfenpfanne m in der Lafette festgehalten. Diese besteht aus einer Unter- und Oberpfanne. Die Unterpfanne wird durch 3 oder 4 eiserne Bolzen auf der Wand, die Oberpfanne oder Pfannendeckel durch Splinte an den Bolzenköpfen festgehalten. Die eisernen Bolzen halten auch die Pfanne n für die Lafettenachse.

Die Beschläge zur Aufnahme des Ladezeugs und der Hebebäume bestehen in den Haken O und den Riemen P. Das übrige Geschützzubehör liegt im Lafettenkasten (Abb. 23 Fig. 2 - 4), der zwischen den Lafettenwänden des Mittelstücks auf zwei Bankeisen Q zu stehen kommt.

Abb. 19   schwerer 12-Pfünder

Abb.20 Richtkeil mit Kurbel   Abb. 21 vorderer Lafettenteil mit Beschlägen

Abb.22 hinterer Lafettenteil mit Beschlägen und Einphasung für den Lafettenkasten

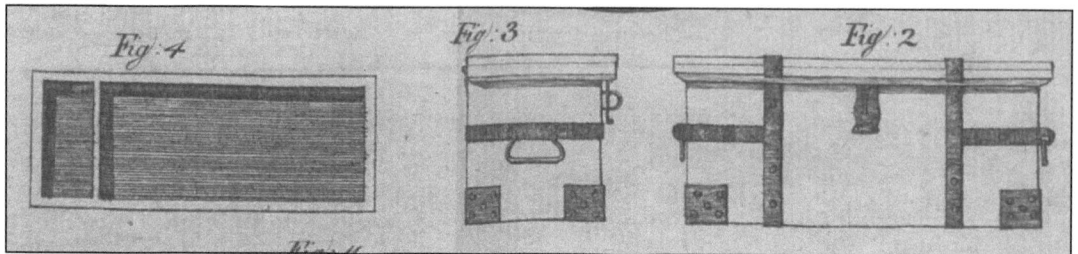

Abb. 23   Lafettenkasten

Die **Achse** der Lafettenräder (Abb. 24) besteht aus der Mittelachse A und den beiden Achsschenkeln B. Das Geleise beträgt (von der Außenseite des Radkranzes gemessen) ungefähr 4 Fuß 6 Zoll. Die Achse ist um 1 $\frac{1}{2}$ Fuß länger, damit das Rad auf die Achsschenkel gestochen werden kann. Die Höhe der Mittelachse beträgt $\frac{1}{2}$ - 1 Fuß und Stärke $\frac{2}{3}$ der Höhe in Abhängigkeit von der Schwere des Geschützes. Die Mittelachse hat zwei Einschnitte für die Lafettenwände. Die Länge der Achsschenkel wird durch die Länge der Radnabe bestimmt. Die Oberfläche der Schenkel läuft nach vorne ab und ist oben mit einem Blech beschlagen. Der Achsschenkel ist hinten mit der Mittelachse gleich stark, vorn etwa 1 Zoll schwächer. Unterhalb ist ein 1 - 1 $\frac{1}{2}$ Zoll starkes Eisen (Achseisen) eingelassen. Den übrigen Beschlag machen 2 eiserne Bänder am Ende der Mittelachse mit den Kotblechen C; ferner daneben zwei kleinere Bänder, woran ein Haken D für das Ladezeug und ein weiterer zum Avancieren festsitzt; so dann der Haken für die Teerbutte gerade in der Mitte der Achse; zuletzt ein eiserner Ring auf den Achsschenkeln vorne, dicht dahinter die Lünse mit dem Kotblech E.

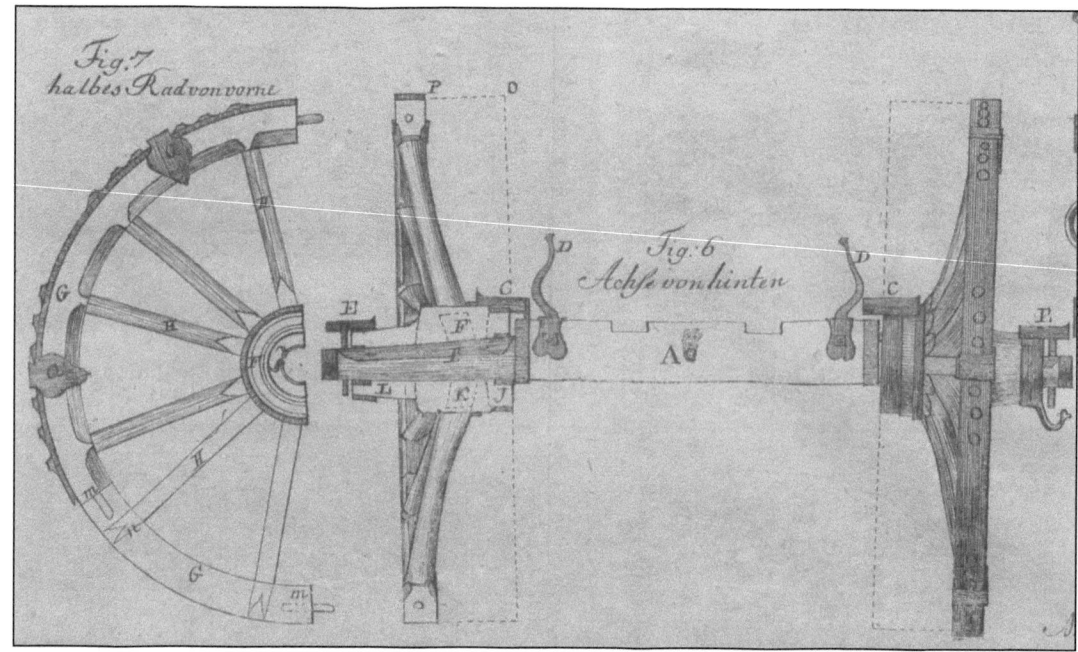

Abb. 24   Achse von hinten (Fig.6; A- Mittelachse, B- Achsschenkel, C- Band mit Kotblech, D- Haken für Ladezeug, E-Lünse mit Kotblech, F- Nabe, G- Kranz, H- Speichen, m- hölzerne Nägel

Abb. 25 schwerer 12-Pfünder / Geleis (Beschlag außen zu Beschlag außen) 1.530 mm

Abb. 26 Rad Vollansicht

Abb.27/28 Radbeschlag und Befestigung

Die **Räder** bestehen aus der Nabe F, dem Kranz G und den Speichen H. Der Kranz besteht aus 6 Felgen, die durch hölzerne Nägel (Dübel) m verbunden sind. Das Rad hat 12 Speichen.

Die Felgen sind 3 - 4 Zoll stark und 4 - 5 Zoll hoch. Auf den Felgen liegen 6 eiserne Schienen, die zu 2 und 2 auf der Mitte zusammenstoßen, und außer den Radnägeln noch durch eiserne Ziehbänder zusammengehalten werden. Die Speichen sind 1 1/2 - 2 1/2 Zoll stark und unten 3 - 5 Zoll breit, oben 1 Zoll schmaler.

Das Rad ist 4 - 4 3/4 Fuß hoch.

Die Nabe hat 4 eiserne Bänder, 2 vor und hinter den Speichen, die anderen beiden jeweils an den Enden.

Zwischen der Lünse und der Nabe befindet sich eine eiserne Scheibe mit doppeltem Haken zum Einhängen der Avanciertaue.

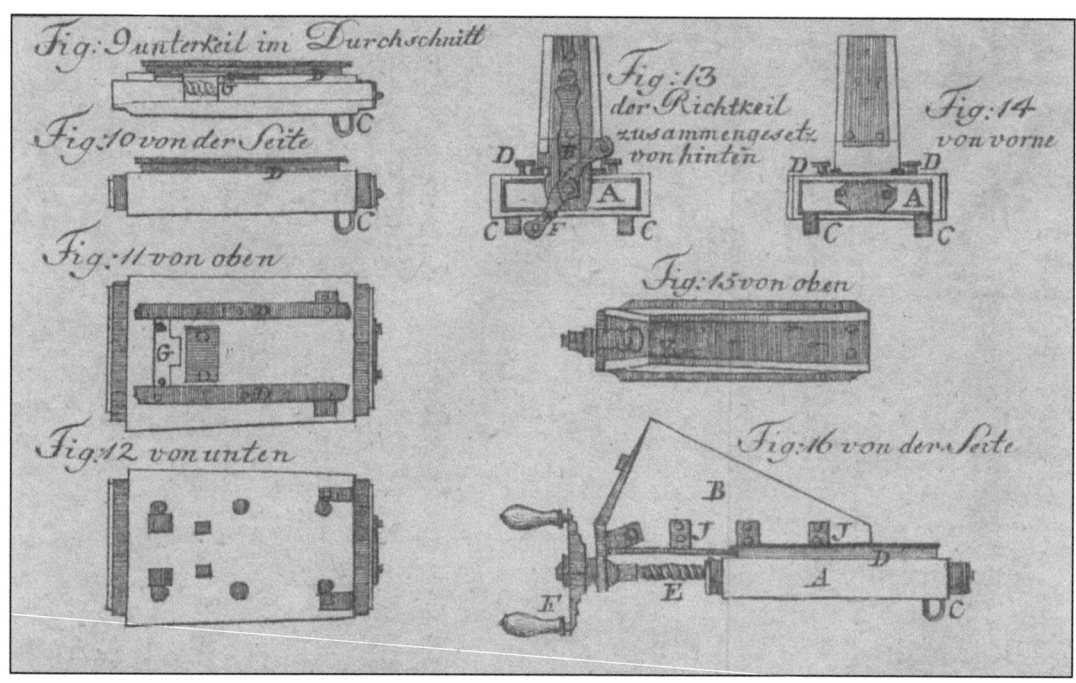

Abb. 29   Richtkeil (A- Unterkeil, B- Oberkeil, C- Befestigungsöse, D- Strichschiene, E- Schraubenspille, F- Kurbel, G— Schraubengewinde, J- Bänder)

Der **Richtkeil** besteht aus Unter- und Oberkeil. Der Unterkeil A liegt auf dem Stell- und Ruhriegel und wird mit den Ösen C an dem Bolzen vor dem Ruhriegel befestigt. Am den andern Ende ist innerhalb ein Schraubengewinde G eingelassen. An dem Oberkeil ist eine Schraubenspille E, welche unterhalb desselben verläuft und durch umdrehen im Gewinde G den Oberkeil vor- und rückwärts bewegt. Auf jeder Unterseite des Oberkeils steht eine Schiene 1/4 Zoll vor. Dieser Überstand läuft in der Nut einer 1/2 Zoll über dem Unterkeil stehenden Schiene (beide gehören zur Schiene D). Die beiden Schienen auf dem Unterkeil stehen soweit auseinander, dass das Rohr bei herausgenommenen Oberkeil diese nicht trifft. Der Abstand der beiden Schienen bestimmt somit die Breite des Oberkeils.

Der Oberkeil ist vorn und hinten mit Eisen belegt, am hinteren Überwurf sitzt die Schraubenspille E fest. Am Oberkeil befinden sich noch eiserne Bänder J; der Unterkeil ist vorn und hinten mit Eisen beschlagen.

Der vollständig herausgedrehte Oberkeils erlaubt eine Elevation bis zu 10 Grad. Beim vollständig hereingedrehten Oberkeil liegt das Rohr horizontal. Die Inklination wird durch kleine hölzerne Keile bewirkt, welche auf dem Oberkeil frei zu liegen kommen. Bei den Haubitzen gestattet die Proportion des Richtkeils einen Elevationswinkel von 20 Grad.

1784 erhielten die **10pfd.gen Haubitzlafetten** den Schraubenrichtkeil mit aufgekoppelten Oberkeil, wobei der Unterkeil, wie gewöhnlich mit der Schraubenspindel versehen, vorn am Ruheriegel durch zwei übergreifende Bügel und hinten durch zwei Überwürfe mittelst zweier, an der hinteren Fläche des Stellringes befindlicher Splintbolzen festgehalten wurde. 1796 wurden die den Ruhriegel umfassenden Bügel bedeutend verstärkt und die langen Haken zum Aufkoppeln des Oberkeils in zwei bewegliche Überwürfe mit Vorreitern verwandelt.

Neben den bzw. in Abänderung zu den bereits genannten befanden sich an der **Kanonen-Lafette** an **Beschlägen**:

rechte Lafettenwand
- Mittelstück: unten vorstehender beweglicher Ring an einem schrägstehenden Blatt, durch welchen das Hemmschuhtau geschlungen wurde
- Bruststück: Blatthaken zum Anhängend des Hemmschuhs
- Mittelachse, hinten: vorstehender, viereckiger, feststehender Bügel zum Einstecken des Hemmschuhs
- Mittelstück: Blatthaken / Bruststück: stehender Ring zur Befestigung eines 4 Fuß langen Baumes
- Hinteres Lafettenband: kurz davon Blatthaken / Mittelstück: oben offener feststehender Haken / Mittelachse: 2 feststehende Ringe zur Befestigung von 2 Auswischern

linke Lafettenwand
- Schwanzstück: Blatthaken / Bruststück: oben feststehender Ring für einen 8 Fuß 4 Zoll langen Baum; Mittelachse: Ring zur Befestigung eines 7 Fuß 6 Zoll langen Baumes, der mit seinem Ende auch im genannten Blatthaken hing.
- Bruststück / Mittelstück: je ein Ring zur Aufnahme eines Sensenbaumes

unter beiden Wänden
- Bruststück: hinter der Achse ein Bügel / linke Wand: innerhalb ein Ring mit Kette, welche man durch einen ähnlichen Ring außerhalb an der rechten Wand zog, und rückwärts den am Ende der Kette befindlichen Haken in ein Kettenglied einzuhaken. Diese Vorrichtung diente zum Fortbringen der Piketpfähle

Die **Beschläge** an der **Haubitz-Lafette** (7pfd.ge, Fuß-Art.) waren folgende:

rechte Wand
- ein Haken und ein Ring für die Handspeiche

- ein breiter Blatthaken mit Schlüssenbolzen und ein ovaler Ring für zwei neben einander liegende Wischer. Dazu ein Grenzblatt hinter den Ansetzkolben, um das Zurückrutschen der Wischer zu verhindern
- ein Ring mit Blatt in schräger Stellung zur Befestigung des Hemmschuhtaues und ein Blatthaken zum Anhängen des Hemmschuhs.

linke Wand

- ein Bolzen mit Vorstecker und ein ovaler Ring zur Befestigung zweier neben einander liegender Hebebäume

- Ein langer Blatthaken zum Hineinlegen des hinteren Endes vom Schippenstiel, Hackenstiel und Sensenbaum nebst Bügel für die Schippe und feststehender Öse für den Griff vom Sensenbaum

unter beiden Wänden
- hinter der Achse ein Bügel und unter dem Mittelstück eine Kette zum Mitführen der Picketpfähle

An die Achse
- rechts: ein Bügel zum Durchstecken des Hemmschuhs
- links: eine Öse zur Befestigung der Hacke
- An die Achsschenkel vorn Scheiben mit einem nach hinten und einem nach vorn gerichteten Zughaken und eine Öse, durch welche die Lünse gesteckt wurde, um eine horizontale Lage der Zughaken zu bewirken.

Die **10pfd.ge Haubitzlafette** hatte ähnliche Einrichtungen mit folgenden Abweichungen:

rechte Wand
- statt des ovalen und des runden Ringes ein Beschlag, der eine viereckige Einfassung bildete, in der Mitte seiner Höhe durch eine Schiene in zwei Abteilungen geteilt, in der unteren zwei neben einander liegende Wischer und in der oberen zwei Hebebäume in gleicher Lage aufnahm. Für letztere am Mittelstück ein Bolzen mit Vorstecker, auf welchen man die Ösen derselben steckte.

linke Wand
- einen ovalen Ring zur Aufnahme zwei übereinander liegender Hebebäume. Am Mittelstück ein Bolzen mit Vorstecker, auf welchen die Ösen derselben gesteckt wurden.
- keine Befestigung für einen Sensenbaum

Die zu der so genannten **reitenden Haubitze** in 1790 eingeführte Lafette[16] hatte <u>parallele Wände</u>. Sie war nicht allein kürzer als alle früheren, sondern auch leichter proportioniert. Hinter dem Pfannenbolzen befand sich noch ein Kopfbolzen,

---

[16] Nebenher scheint auch noch eine ordinäre Haubitze mit ihrer Lafette ... bei der reitenden Artillerie gebraucht worden zu sein, deren Beschlag weder ganz dem der ordinären noch ganz dem der reitenden entsprach; vermutlich also eine gewöhnliche und für reitende Artillerie aptiert. (MB II 210)

wohl um bei der schwächeren Dimension der Wände die Haltbarkeit zu gewähr-leisten. Bei den **Beschlägen** gab es folgende Abweichungen:

rechte Wand

- zwei übereinander angebrachte runde Ringe (statt des ovalen), einer davon auf der Mittelachse, für zwei übereinander liegende Wischer;
- entsprechend geänderter Haken mit Schlüsselbolzen

Linke Wand

- ein Haken und ein Ring für die Handspeiche (statt auf der rechten Wand)

Generell

- wegen der Kastenprotze fielen die Beschläge für das Schanzzeug weg (Sensen-baum und Picketpfähle wie bei der Fußartillerie)

3.2.2.1 Die Lafetten - Angaben zu Originalstücken

Die einzige bekannte Lafette ist die des schweren 12-Pfünders in Paris. Sie ist fast vollständig erhalten (Beschlag Lafettenschwanz unvollständig; Holzteile an den Seitenwänden und Riegeln erneuert) und war wohl - aufgrund der olivgrünen Ab-strichs bei der französischen Armee im Gebrauch.

3.2.2.2 Die Lafetten - Messdaten

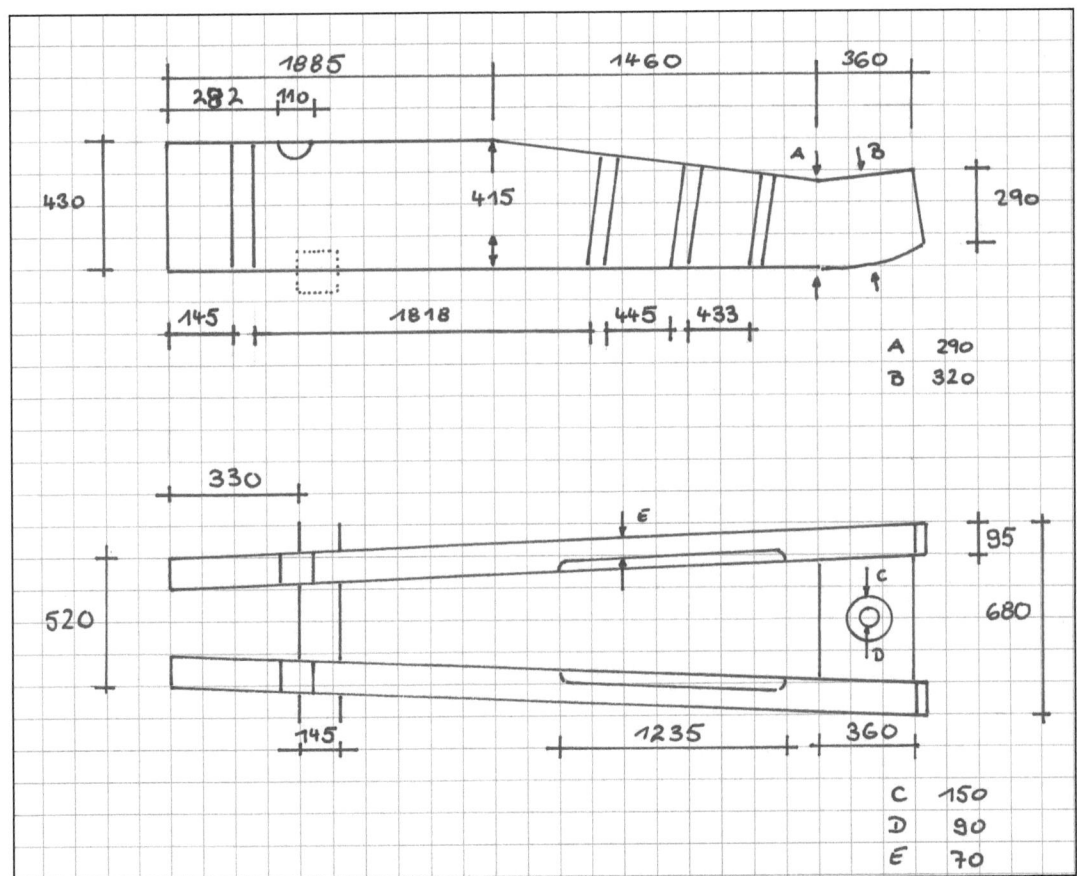

Abb. 30 Bemaßung der Lafette des schweren 12-Pfünders, Hotel des invalides, Paris; Maßaufnahme 11.07.2024 durch den Autor; alle Angaben in mm

3.2.3. Die Protzen

Die Protze (Abb. 31) bestand aus einer Achse A mit 2 Rädern B, einer Deichsel C mit 2 Armen D und dem Protzsattel E. Nach Geschütztyp haben die Protzen einen Kasten F (Protzkasten für Schüsse und Zündungen).

Die Achsen der Protzen sind 4 - 5 Zoll stark und 6 - 7 Zoll hoch. Die Mittelachse und die Achsschenkel sind bei den Sattelprotzen ebenso lang wie an der Lafette; bei den Kastenprotzen sind die Mittelachsen etwas länger, für die Achsschenkel etwas kürzer und um 1 Zoll nach unten geneigt, damit Lafette und Protze weiterhin ein Geleise haben und ein Anstreifen der Räder am Protzkasten vermieden wird. Die Achsschenkel waren oben mit einem vollen Blech beschlagen. Da der Kasten über den Stoß reichte, so waren Kotbleche nicht erforderlich, dagegen die Lünsen mit Deckeln versehen.

Die Nabe ist ungefähr 14 Zoll lang und 10 - 11 Zoll im Haufen (Mittelteil) stark. Die Höhe der Räder ist zwischen 3 Fuß 7 Zoll und 3 Fuß 9 Zoll. Die Speichen sind 1 $\frac{1}{2}$ Zoll stark, die Felgen 3 $\frac{1}{2}$ Zoll hoch und 2 $\frac{1}{2}$ Zoll stark. Die Stürzung macht ungefähr 7 Zoll aus.

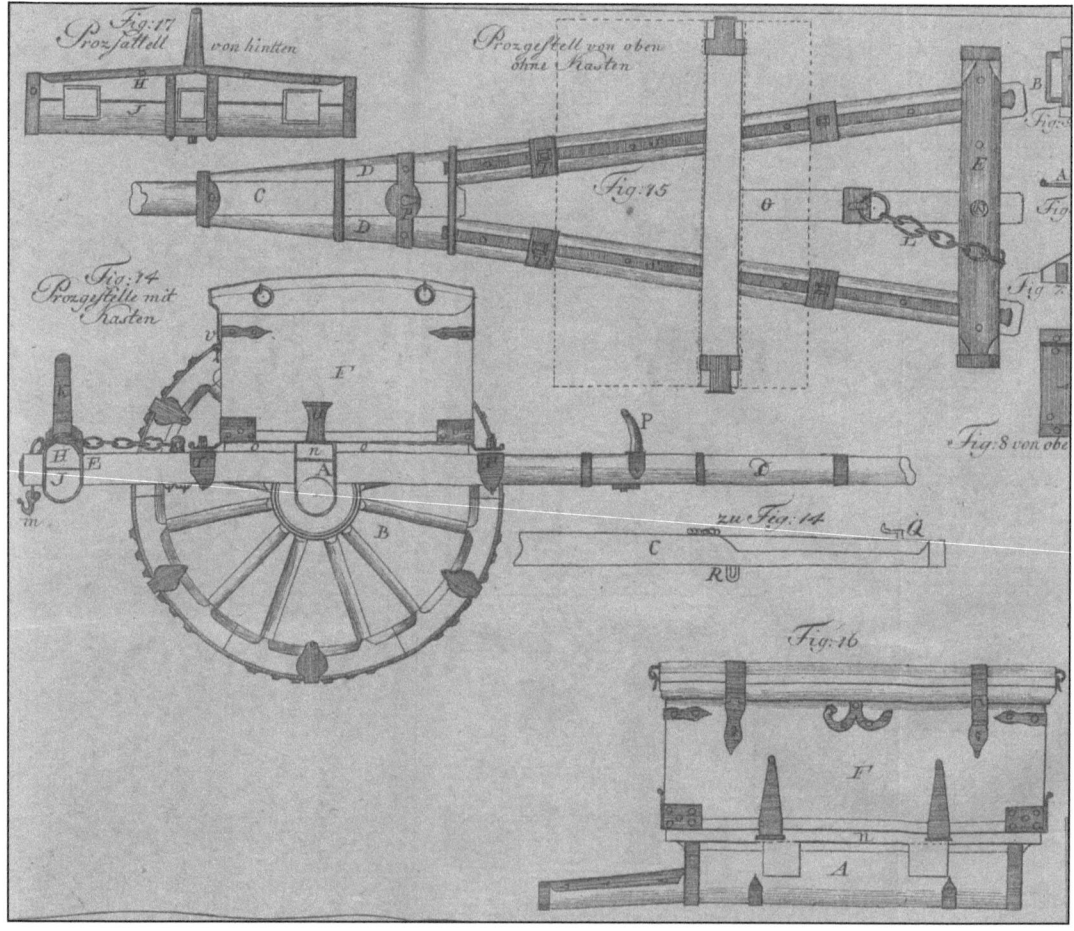

Abb. 31   Protze (A- Achse, B- Rad, C- Deichsel, D- Arme, E- Protzsattel, F- Protzkasten, G- Mittelsteife, H- oberer und J- unterer Protzsattel, L- Protzkette, m- Haken, n- Schemel, o- Brett, P- Zugnagel, Q- Deichselstift, R- Aufhalter, S- Schiene, T- Schließbolzen, U- Halteblech, V- Kramme,

Die Deichsel ist 11 Fuß lang, hinten 4 Zoll und vorne 3 Zoll stark. Die Arme, welche sie halten, sind etwa 4 Zoll dick und stehen vor der Achse 12 - 14 Zoll auseinander. Ihre Länge und Auseinanderstehung hängt von der Stellung des Protzsattels ab, worin die Enden derselben eingelassen sind. Bei den Protzen mit Kasten wird wegen der größeren Last noch ein dritter Arm G (Mittelsteife) zu Hilfe genommen.

Der Protzsattel ist aus 2 Stücken H und J (dem oberen und unteren Sattel) zusammengesetzt. Der Lafettenschwanz kommt darauf zu liegen und dieser wird daher so hoch gebaut, dass beim Aufprotzen die Lafette vorn und hinten gleich hoch ist. Der Obersattel ist abgerundet. Bei den Sattelprotzen liegt der Protzsattel über der Mittelachse und es vertritt letztere die Stelle des Untersattels; bei den Protzen mit Kasten steht der Sattel soweit vom Protzkasten ab, dass beim Aufprotzen der Lafettenschwanz den Kasten nicht erreicht. Der Protznagel geht durch die Mitte des Protzsattels, er ist unten 2 - 3 Zoll und oben nur halb so stark. Die Länge richtet sich nach der Höhe des Protzsattels und Lafettenschwanzes. Damit sich der Protznagel während des Fahrens nicht aus dem Protzloch heben kann, wird der Lafettenschwanz durch eine starke Kette L (Protzkette) mit der Protze verbunden. Bei den Protzen mit Kasten sitzt die Protzkette auf der Mittelsteife fest und ist ungefähr 2 Fuß lang; bei den Protzen ohne Kasten sitzt selbige auf der Deichsel (dicht vor den Armen) fest und hat eine Länge von 6 Fuß. Am Ende sitzt ein Haken m, womit die Kette, nachdem sie durch den Protzring gezogen, gespannt wird.

Der Protzkasten wird aus 1 Zoll starken Brettern zusammengesetzt und er ruht auf einer 2 1/2 Zoll starken Bohle n (Schemel) über der Mittelachse. In gleicher Höhe mit dem Schemel n liegt vorn und hinten ein Brett o auf den Armen, worauf der Protzkasten mit 2/3 vor und 1/3 hinter der Achse steht. Der Deckel des Kastens ist abgerundet und mit Zwillich beschlagen, damit das Regenwasser abläuft und die Nässe weniger durchdringt. Der Kasten war im Inneren in mehreren Fächer geteilt, in denen sich jeweils mehrere Kugel, Kartätschen oder Kartuschen befanden. Die Kartuschen wurden seit 1790 nicht mehr stehend sondern größtenteils liegend verpackt.

Die Achse und die Räder der Protze haben die gleichen Beschläge wie die bei der Lafette. Die Deichsel wird mit den Armen durch 4 eiserne Ringe verbunden, auf dem 2ten Band steht der Zugnagel P. Ganz vorn ist ein eiserner Ring und etwas ab davon ist der Deichselstift Q zum Anspannen der Pferde und unterhalb ist der Aufhalter R, zum Aufhalten des Geschützes beim Bergab- und rückwärtsfahren.

Auf der Mitte der Arme liegt eine eiserne Schiene S und über dieser steht dicht am Protzkasten vorn und hinten ein eiserner Schließbolzen T, woran der Protzkasten durch einen Umwurf von Eisen befestigt wird, auch stützen sich die Seitenwände des Kastens an einem Bleche U. Der Kastendeckel hat zwei eiserne Bänder und eine Kramme V für das Vorlegeschloss.

Der Obersattel ist mit Blech beschlagen und wird an beiden Enden auch ein eisernes Band mit dem Untersattel verbunden.

1796 wurde bei allen Feldprotzen die feststehende Hinterbracke eingeführt. Sie erhält auf der Schere eine Unterlage von Blech, wurde mittelst einer Öse auf einen Splintbolzen gesteckt und durch die, durch die Achse geführten, Brackenstangen festgehalten. Die Ortscheite, an den Enden noch nicht mit Kappen versehen, hängte man in bewegliche Haken, nachdem man zuvor auf der Handseite einen Eimer auf die Bracke gehängt hatte.

Es kamen nach Geschütztyp zum Einsatz:

Kastenprotzen für die
- 3pfd.ge und leichte 6pfd.ge Kanone
- reitende 7pfd.ge Haubitze

Sattelprotzen für die
- 12pfd.ge und schwere 6pfd.ge Kanone
- ordinäre 7pfd.ge und 10pfd.ge Haubitze

An weiteren Details zu den **Kastenprotzen** sind zu erwähnen:

Die **3pfd.ge Protze** erhielt vorn unter den Armen Beschläge zur Befestigung eine vierspännigen Feldkrippe; vor dem Protzkasten auf jedem Arm einen eisernen Träger und an jeder schmalen Wand des Kastens einen Schnürring zur Befestigung einer Futterlade; zwischen der Hinterbracke und den genannten Trägern rechts einen Stift mit Vorstecker und links ein Grenzeisen für eine Wagenwinde; an der Rückwand des Protzkastens drei Beschläge für 1 Schippe und 1 Hacke und an der linken Wand einen feststehenden Ring nebst Überwurf für 1 Beil. Der Protzkasten wurde mittelst 4 feststehender Überwürfe und 4 korrespondierender Splintbolzen auf den Armen festgehalten; auf jedem Ende der Mittelachse stand außerdem noch ein Grenzblatt.

Diese Einrichtungen fanden mit einigen, nachfolgend aufgeführten Modifikationen auch bei den übrigen Kastenprotzen statt.

Die **6pfd.ge Protze für Fußartillerie** erhielt hinter dem Protzkasten unter den Armen noch einen Haken und eine kleine Kette zur Befestigung einer zweispännigen Feldkrippe.

Bei der **reitenden Artillerie** wurden weder die Krippen noch die Wagenwinde mitgenommen, weshalb auch die dazu nötigen Beschläge fehlten; dagegen war die Protzkette am Ende statt des Hakens mit einem Knebel versehen. Überdies hatte sie auch wegen der geringeren Protzbeladung einen kleineren Kasten als die Protze der Fußartillerie.

Allein unter dem 27.01.1797 bestimmte das 1.Departement des Ober-Kriegs-Kollegiums, dass in der Folge alle neu zu fertigenden 6pfd.gen Protzkasten, sowohl für Fuß- und reitende Batterien, als auch für Bataillonskanonen, von gleicher Größe, nämlich im Lichten 3 Fuß lang, 2 Fuß 5 Zoll breit und 1 Fuß 7 Zoll in der Mitte hoch gemacht werden sollten.

Eben so schrieb das Departement in Folge des Grundsatzes der möglichen Gleichförmigkeit der Räder und Achsen aller Arten Feldkanonen- und Haubitzprotzen mit Ausnahme der Protze zu der 7pfd.gen leichten Haubitze für reitende Artillerie einerlei Proportion vor. Letztere war deshalb davon ausgeschlossen, weil die reitende Artillerie die kleineren Protzräder zu behalten wünschte.

Die reitende **7pfd.ge Protze** wurde 1790 fast in allen Bereichen leichter proportioniert, als die bisherige ordinäre. Die Achsschenkel erhielten nicht mehr die Neigung nach unten; der Bügel unter den Armen fiel weg. Der Protzkasten wurde durch 2 Bodenschienen, welche hinten und vorn hervorragten, mittelst vier, auf den Armen durch Ziehbänder befestigter, Splintbolzen gehalten. Der Kasten, 14 Granaten und 6 Kartätschen enthaltend, war in 3 ungleiche Abteilungen geteilt, von denen die auf der Handseite 8, die auf der Sattelseite 12 Fächer enthielt und die mittlere, ohne Fächer, zu Kartuschen und Zündungen bestimmt war. Wo die 6 Kartätschen gestanden haben, ist nicht bekannt. 1796 erhielt auch diese Protze die oben genannten Vorrichtungen und im Inneren insofern eine Veränderung, als man die kleinere Abteilung zu 8 Fächern nach der Sattelseite und die zu 12 nach der Handseite verlegte. Den Knebel an der Protzkette erhielt sie erst 1801.

Sattelprotzen

1762 wurde eine Sattelprotze für schwere 6-Pfünder, leichte 12-Pfünder und ordinäre 7pfd.ge Haubitzen bestimmt. Ihre Achsschenkel waren oben mit einem vollen Bech beschlagen, sie hatte Kotbleche und Decklünsen, die Protzkette war mittelst einer Kramme vor der Schere auf die Deichsel befestigt und am vorderen Ende der letzteren befand sich oben ein Zughaken und unten ein Zapfen für den Steuerkettenring. Diese Konstruktion wurde 1777 bestätigt. Ebenfalls 1777 wurde eine Protze für schwere und mittlere 12-Pfünder sowie 12pfd.ge Belagerungskanonen eingeführt, die etwas stärker und gedrungener konstruiert war und wohl auch bei der 10pfd.gen Haubitze gebraucht wurde.

1796 erhielten auch die für den Feldgebrauch bestimmten Sattelprotzen eine, den Kastenprotzen entsprechende Einrichtung zur Mitführung jener Feldgeräte und zugleich die feststehende Hinterbracke. Die 12pfd.ge, zugleich für 7pfd.ge ordinäre und 10pfd.ge Haubitzen bestimmt, bekam unterhalb der Arme die Beschläge zur Befestigung der Krippe und auf denselben 4 Grenzblätter für die Futterlade. Vor dem Befestigen der Ortscheite ward auf jede Seite der Hinterbracke, doch bei der 7pfd.gen Haubitze nur auf die Handseite, ein Eimer gehängt. Das Schanzzeug befand sich nicht bei der Protze. Die Krippe war bei der 7pgfd.gen eine sechsspännige. Wie es scheint hat man für jedes dieser 3 Geschütze eine besondere Protze beabsichtigt, in der Ausführung aber eine für alle Zwecke angewendet und dazu die bereits vorhandenen Protzen genommen.

Gegen Ende des 7jährigen Krieges gab man dem Sattel die in Abb. 31 dargestellte geradlinig abgedachte Form.

3.2.3.1 Die Protzen - Angaben zu Originalstücken

Nicht bekannt

Geschütz		Gesamtgewicht ohne Munition								
		Rohr		Lafette		Protze		Gesamt		
		Cnt	Pf	Cnt	Pf	Cnt	Pf	Cnt	Pf	kg
Kanonen										
3pfd.ge		5	55	7	52	6	93	19	90	1.021
6pfd.ge	leichte	8	81	8	16	7		23	97	1.231
	schwere	14	55	11	62	6	28	32	35	1.666
12pfd.ge	mittlere	17	81	16	5	6	71	40	47	2.084
Haubitzen										
7pfd.ge	reitend	5		11	30	7	71	23	101	1.233
	ordinär	7		11	30	6	1	24	31	1.251
10pfd.ge	ordinär	12	81	17	23	6	46	36	40	1.874

3.2.4 Die Munition

3.2.4.1 Kugeln

Die Kugeln sind von Gusseisen und werden kalibermäßig gegossen.

3.2.4.2 Granaten (sh. Auch Abb. 32)

Die Granaten werden über einem Kern gegossen, der die innere Höhlung und das Mundloch gibt. Der Kern besteht aus einer Eisenstange, die unten mit Stroh umwickelt und dann mit Lehm bis zur gewünschten Größe ausgeformt wird. Die Eisenstärke beträgt, je nach Kaliber, 1 - 1 1/2 Zoll. Der Boden wird etwas stärker ausgeführt und soll bewirken, dass die Granate damit auf der Erde aufschlägt und der Zünder unversehrt bleibt. Erfahrungsgemäß bewirkt diese Unwucht eher eine seitliche Abweichung des Wurfes.

Die Granaten hatten links und rechts des Mundlochs Ösen, um die Granate mittelst Haken anheben zu können.

Die Granaten werden innen ausgepicht und mit Pulver sowie einer Masse aus Pulver, geschmolzenem grünem Pech, Korn und Mehlpulver (so genanntes geschmolzenes Zeug) gefüllt. Die Ladung des letzteren beträgt 4 - 8 Loth/Granate.

Die Zünder sind aus Weißbuchenholz gedrechselte kegelförmige Röhren, die hohl gebohrt und mit 1 - 1 1/2 Loth Satz (eine Mischung aus 2 Teilen Salpeter, 2 Teilen Mehlpulver, 1 Teil Schwefel) gefüllt werden. In den oberen Teil des Zünders wird eine 8 Zoll lange, doppelt gelegte Zündschnur eingebracht und mit Papier abgedeckt. Der Zünder soll im Allgemeinen auf jeden Zoll Länge 4 Sekunden brennen. Die Zünder werden bis zum Kopf in die Granate getrieben (das Ende erreicht fast den Boden) und mit einer stark überpechten Leinwand abgedeckt.

3.2.4.3 Kartätschen (sh. Abb. 33)

Die Kartätschkugeln werden geschmiedet. Die Kartätschbüchsen verfertigt der Klempner aus überzinntem Blech. Der Boden a besteht aus einer hölzernen Scheibe (Spiegel) und ist 1 - 1 1/2 Zoll stark, die sich nach innen gegen einen Boden von Blech stützt, so in die Büchse eingelötet ist, von außen aber durch das umgeschlagene Seitenblech festgehalten wird. Die Länge der kalibermäßigen Büchse beträgt 8 - 11 Zoll. Mit Kugel gefüllt ist das Gewicht fast das 1 1/2fache der zugehörigen Kugel oder Granate.

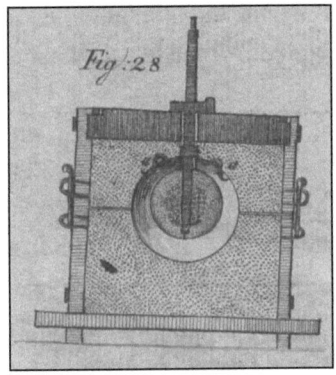

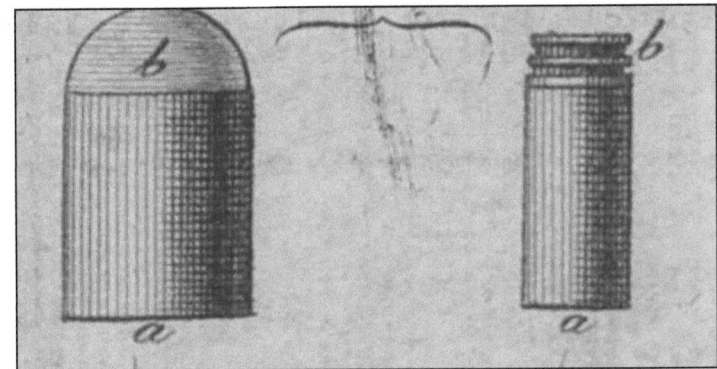

Abb. 32 Gießform einer Granate mit Kern

Abb. 33 Kartätschbüchse mit Boden a und Spiegel b (links Haubitze / rechts Kanone

Eine	3pdf.ge Kartätschbüchse hat		48 Stück	3löthige Kugeln
		oder	24	6löthige
	6pfd.ge		41	6löthige
		oder	20	12löthige
	12pfd.ge		78	6löthige
		oder	41	12löthige
	7pfd.ge		70	6löthige
	10pfd.ge		56	12löthige

Die Kugeln werden in die Büchse eingeschüttet und es kommt auf selbige ein eiserner Spiegel, ungefähr 1/2 Zoll stark, welcher nach den verschiedenen Kalibern bei den Kanonen 1/2 - 2 1/2 Pfund und bei den Haubitzen 2 1/2 - 4 1/2 Pfund schwer ist. Dieser eiserne Kartätschspiegel, welcher im Geschütz der Ladung zugekehrt ist, soll das Zusammenhalten der Kugeln beim abschießen bewerkstelligen.

Die Büchsen mit 3- und 12löthigen Kugel erhielten einen schwarzen, die 6löthigen keinen Anstrich; auch bezeichnete man alle Büchsen nach Maßgabe der darin enthaltenen Kugeln mit 3 L, 6 L und 12 L.

Bei den 3- und leichten 6-Pfündern wird die Ladung mit der Büchse verbunden und es kommt auf den eisernen ein etwa 2 Zoll hoher hölzerner Spiegel b zu stehen, der mit Nägeln an der Büchse befestigt wird und dicht über dem Boden zwei Reifen hat, um die Kartusche anzubinden.

Beim übrigen Geschütz kommt auf den eisernen Spiegel ein Blech, um das überstehende Seitenblech der Büchse darauf anzulöten. Die Haubitzkartätschen haben hölzerne Spiegel b, die nach dem Durchmesser der Granate abgerundet sind , damit die Kartätsche an der Kammer gut abschließt.

3.2.4.4 Brandkugeln

Die Gestalt weicht von der kugelförmigen ab und fällt mehr oval aus. Die Brandkugel besteht aus einem eisernen Kreuz (Brandkreuz); welches mit einem zwillichnen Sack überzogen, dann mit Brandsatz gefüllt und zuletzt in Pech getaucht wird. Das Brandkreuz ist im Durchmesser gewöhnlich 1/3 schwächer als die Granate, das Fehlende wird durch den Überzug und das Eintauchen in Pech ersetzt. Die Länge des Kreuzes macht ungefähr 1 1/6 des Durchmessers der Granate aus. Der Boden besteht aus einer starken eisernen Platte; oberhalb ist das Mundloch für den Zünder.

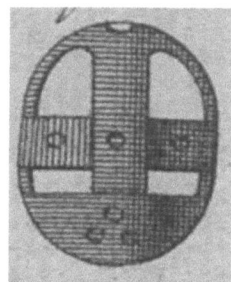 

Abb. 34   Brandkreuz (Links: von der Seite, rechts: von oben)

Das 7pfd.ge Brandkreuz wiegt 7 Pfund, das 10pfd.ge 10 Pfund.

Der Brandsatz besteht aus 15 Teilen grünem geläutertem Pech, 35 Teilen ordinäres Pulver, 5 Teilen Mehlpulver, 1 1/2 Teilen Talg und soviel gehaktem Werg, als sich in den Satz bringen lässt.

Zu einer 7pfd.gen Brandkugel gehören 4 - 5 Pfund Satz, die fertige Kugel wiegt 11 - 12 Pfund. Zu einer 10pfd.gen Brandkugel gehören 6 - 7 Pfund Satz, die fertige Kugel wiegt 16 - 17 Pfund.

Da die Brandkugeln weniger schwer und dicht sind als die Granaten, so können sie nur mit schwacher Ladung geworfen werden. Das Treffen oberhalb einer Wurfweite von 800 - 1.000 Schritt ist sehr ungewiß.

Die Brandgeschosse (Hohlkugeln mit 3 - 4 Mundlöchern, durch welche der Satz eingebracht wird und aus denen dann das Feuer strömt) können mit gewöhnlicher Ladung verschossen werden, gehen damit weiter und treffen sicherer.

3.2.4.5 Leuchtkugeln

Diese sind in der Einrichtung den Brandkugeln gleich und werden zur Unterscheidung mit rotem Feuerkitt überstrichen.

Der Satz besteht aus 26 Teilen Salpeter, 20 Teilen Schwefel und 2 Teilen Mehlpulver und brennt ungefähr 8 Minuten

Zu einer 7pfd.gen Leuchtkugel gehören 4 - 5 Pfund Satz, die fertige Kugel wiegt 11 - 12 Pfund. Zu einer 10pfd.gen Leuchtkugel gehören 7 - 8 Pfund Satz, die fertige Kugel wiegt 17 - 18 Pfund.

3.2.4.6 Pulver

Gewöhnlich besteht das Pulver aus 6 Teilen Salpeter, 1 Teil Schwefel und 1 Teil Kohlen. Das Pulver wird in zwei Korngrößen hergestellt - das grobkörnige oder ordinäre Pulver für die Kanonen und das feinkörnige oder F-Pulver für das Wurfgeschütz und kleine Gewehr.

Der beim Herstellen und Verarbeiten des gekörnten Pulvers anfallende Abrieb/ Staub wird Mehlpulver genannt.

3.2.4.7 Kartuschen

Zu den Beuteln, in die die abgemessene Pulvermenge gefüllt wird (Kartuschen), wählt man Zeuge, die kein Feuer halten und sich nicht zu sehr recken (z.B. Etamin, Rasch, Boy oder Flanell; im höchsten Notfall Leinwand oder Papier). Das Zuschneiden der Beutel geschieht mit Hilfe einer Schablone (Abb. 35) von dünnem Blech, welche für den Kugelschuss 5 Kugeldurchmesser hoch und 3 breit, für den Kartätschschuss aber nur 4 Durchmesser hoch ist. Das ausgeschnittene Zeug wird umgeklappt und mit dichten Hinterstichen von Garn (hält weniger Feuer als Zwirn) zusammengenäht. Für die Naht bleibt rund 1/3 Zoll stehen.

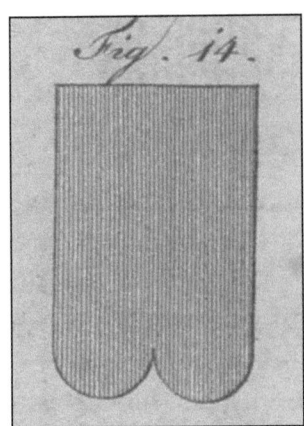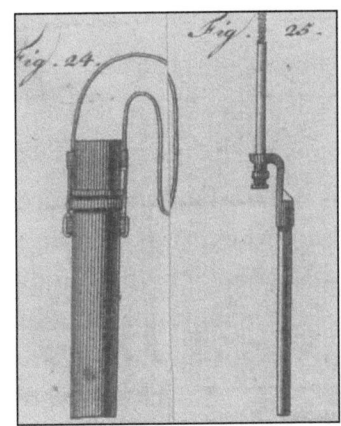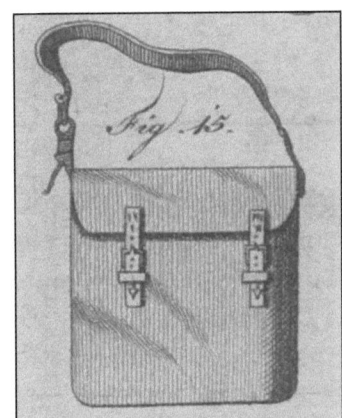

Abb. 35   Blechschablone für Kartuschbeutel, Schlagröhrentasche und juchtener Kartuschtornister (von links nach rechts)

3.2.4.8 Zündungen

Um die Ladung zu entzünden hat man zwei Arten von Zündungen, a) feuerleitende und b) feuergebende; zu a) gehören Zünder, Schlagröhren und Stoppinen, zu b) Lunte und Zündlichter.

Die **Schlagröhren** sind kleine Röhren von dünnem Blech, welche 1 1/2 Zoll lang und weniger als 1/4 Zoll stark sind. Diese Röhren werden über einem Dorn mit Kornpulver vollgeschlagen, danach gelehrt, mit Anfeuerungsmasse belegt, dann mit Papier beplattet und als fertige Schlagröhren in Tonnen verpackt. Am Geschütz werden sie in Schlagröhrentaschen (Abb. 35) mitgeführt und dort abgeplattet ins Zündloch eingesetzt. Die Schlagröhren zünden schnell und so heftig, dass ihr Feuer noch in einer Entfernung von 4 Fuß die Kartusche durchschlägt.

Die **Stoppinen** sind 8 Zoll lange und $1/8$ Zoll starke kienene Hölzer, die mit Baumwollgarn umwickelt, danach in Anfeuerungsmasse getaucht und danach auf $1/4$ Zoll gelehrt werden. Diese finden nur beim Belagerungsgeschütz Anwendung.

Die **Lunte** wird aus gereinigtem Werg in einer Dicke von 1 - 2 Zoll gesponnen und anschließend in einer starken Lauge aus Asche, Kalk und Kuhmist gebeizt. Sie wird zum Gebrauch auf dünne Stöcke gewickelt. Ein Fuß Lunte brennt gewöhnlich 1 $3/4$ Stunden; weil aber im Regen die beste Lunte naß wird und verlischt, so sucht man dieses durch blecherne Futterale (Luntenverberger; Abb. 36) zu verhindern. Zum Abfeuern mit der Lunte muss das Zündloch mit Mehlpulver bestreut (aufgepudert) werden. Hierzu befinden sich bei jedem Geschütz einige mit Mehlpulver gefüllte blecherne Puderdosen in einem ledernen Futteral (sh. Abb. 38).

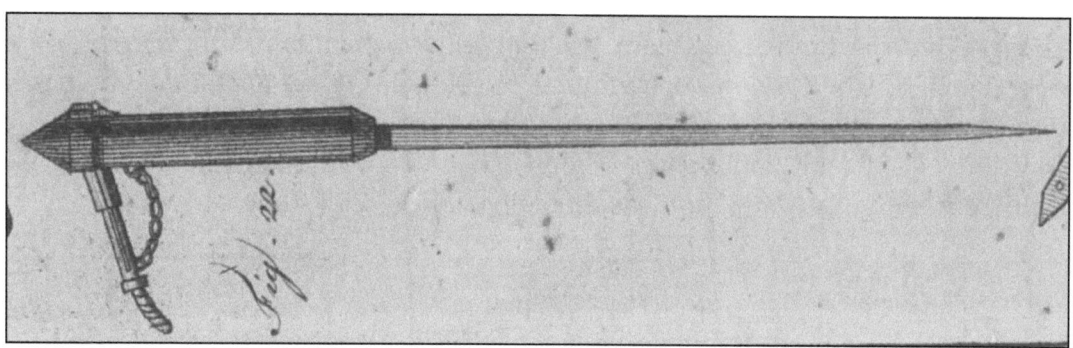

Abb. 36   Luntenverberger

Die **Zündlichter** bestehen aus 1 Fuß langen papiernen und mit Zündlichtersatz gefüllten Hülsen mit einem Innendurchmesser von $1/3$ Zoll. Der Zündlichtersatz besteht aus 8 Teilen Salpeter, 3 Teilen Schwefel und 4 $1/2$ Teilen Mehlpulver. Auf 12 Pfund Satz kommen noch 2 Loth Leinenöl. Zu einem Licht kommen 2 $1/2$ Loth Satz, dieser brennt 5 Minuten. Ein gut gestuftes Zündlicht brennt mit einer 3 - 4 Zoll langen Flamme ruhig fort. Beim Geschütz werden sie in einer blechernen Büchse (Lichterbüchse) verwahrt und mit Hilfe eines Stockes mit eisernen Dillen (Lichterklemme, Abb. 35) genutzt. Beim Zünden mit Zündlicht fällt das Aufpudern weg.

3.2.5   Das Geschützzubehör

<u>Ausrüstung zum Laden, Richten und Feuern</u>

Kartuschtornister	3 (4 für den 12-Pfünder)
Schlagröhrentaschen	1
Pelzlappen	2
Räumnadeln	2 (nur für Bataillonskanonen und Haubitzen)
Granathaken 10pfd.Haub.	2 Paar
Hebebäume	
6-Pfd., 7pfd. Reit. Haubitze	1
12-Pfd., 7pfd. ord. Haubitze	2
10pfd,ge Haubitze	4

Messingne Quadranten	1 je Haubitze
Messingner Aufsatz	1 je Kanone am Geschütz
Hölzerner Aufsatz	1 je Geschütz
Kleine Untersteckkeile	2 je Kanone und 7pfd.ge Haubitze
	3 je 10pfd.ger Haubitze
Puderdosen mit Futteral	2
Luntenstöcke	2
Blecherne Luntenverberger	1 exkl. der reitenden Geschütze
Pfundlederne Luntenverb.	2 je reitendem Geschütz
Lichterbüchse mit Riemen	1
Lichterklemme	1
Wischer	2

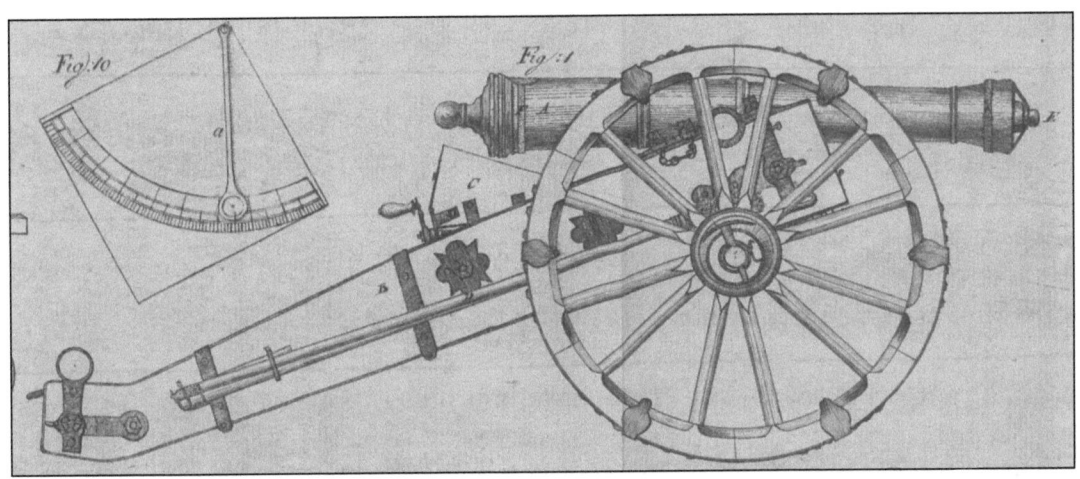

Abb. 37   3pfd. Geschütz mit Zubehör (D- Wischer mit Ansetzkolben an der Lafettenwand, E- Mundpropf; F- Pfanndeckel

Zum Avancieren und Retirieren

Avancierriemen m. Strängen	8 je Bataillons- und 6pfd.ge Fuß-Kanone
Avanciertaue m. Knebel	1
Lenktaue	1
Ganze Hinteravancierbäume	1 je Bataillons- und 6pfd.ge Fuß-Kanone

Zum Untersuchen der Munition

Kartuschschablonen/	1 für 2 Bataillons-Kanonen
Kartuschleeren	2 je 6pfd.ge Batterie
	1 je 12pfd.ge Batterie
	1 je 7pfd.ge reitende Haubitze
	1 je 2 7- oder 10pfd.ge Haubitzen
Einsetzpulvermaße	
à 1/4, 1/2 und 1 Pfund	1x für 2 Bataillons-Kanonen
	2x je 6pd.ge Batterie
	1x je 12pfd.ge Batterie
à 1, 2, 4, 8, 16, 32 Loth	1x je 7pfd.ge reitende Haubitze

	1x je 2 7- oder 10pfd.ge Haubitzen
Granatleeren	1 je 10pfd.ge Haubitze

Zum Reinigen des Zündlochs und des Richtkeils

Zündlochbürste	1
Richtkeilbürsten	1 je 2 Geschütze
Baumölfläschchen	1 je 2 Geschütze

Abb. 38   Schlagröhrentasche und Puderdose (a) mit Futteral (b)

An übrigem Zubehör

Dammzieher m. Notschraube	1 je 2 Geschütze
Vogelzunge	1 je Kanonen- oder 7pfd.ge Haubitzbatterie
	1 zu 4 10pfd.gen Haubitzen
Ladeschaufel	1 je Kanonen-Batterie
Blendlaternen	1 je Geschütz
Kalt. Meßinstrumente m. Kette	1 je Kanonenbatterie
	1 je 7- oder 10pfd.ge Haubitz-Batterie

Mundpfropf nebst Maulkorb, Pfanndeckel mit bleiernem Nagel, Nägel zum Vernageln des Zündlochs   1

Vorhängeschlösser zu Protzen- und Lafettenkasten

	2 je 6-Pfünder und 7pfd.ge reitende Haubitze
	1 je anderes Geschütz

Zum Geschützzubehör folgende Detailangaben:

- Wischer mit Ansetzkolben an einer Stange: Der Wischer ist mit Schweineborsten überzogen, 3 Kaliber lang und so dick, dass er die Seele genau ausfüllt; der Ansetzen ist 2 Kaliber lang und 1 Kaliber stark
- hölzerner Mundpfropf zum Verschließen der Mündung
- lederner Pfanndeckel zum Verschließen des Zündloch

3.3 Fahrzeuge
3.3.1 Munitionswagen der Fußartillerie

So viel man weiß, wurden nach dem 7jährigen Kriege von den früheren Munitionswagen mit Korbgeflecht und gewölbtem Deckel keine wieder für Geschützmunition gebaut, und es ist nicht unwahrscheinlich, dass man die vorhandenen später nur als Patronen- und Trainwagen verwendete.

Schon vor 1777 hatte man einen Kartuschwagen mit senkrechten Wänden, dachförmigen Deckel und gerader Tragekelle.

Im Jahre 1777 wurden sämtliche Kartuschwagen, und zwar der 3pfd.ge, 6pfd.ge leichte, 6pfd.ge schwere, 12pfd.ge ordinäre und 12pfd.ge schwere nicht allein in der Einrichtung, sondern sogar in allen Abmessungen gleich gemacht, nur mit der einzigen Ausnahme, dass bei 3pfd.gen Wagen die Entfernung der beiden Achsen voneinander 12″ mehr betrug, als bei den übrigen, ohne dass jedoch der Kasten länger gewesen wäre. Der Grund hiervon ist nicht aufzufinden, doch wird jener Unterschied ganz ausdrücklich angegeben. So viel man weiß, waren Achsen und Räder, bis auf die größere Höhe der Hinterräder und deren Felgen, am Vorder- und Hinterwagen gleich, die Achsschenkel oben mit einem vollen Bleche beschlagen, und Kotbleche und Kapplünsen vorhanden. Auf jeder Mittelachse lag ein Achsschemel, die Unterbäume ruhten hinten auf dem Schemel, waren vorn in den doppelten Lenkschemel eingelassen und etwa in der Mitte unten mit den Träger zu den Trittbrettern und Tritteisen, wie an den früheren Munitionswagen, versehen. Im Kasten befinden sich 5 Einsätze mit flachen Deckeln, der vordere zu Kartätschen bestimmt. Der Wagen wog mit Einschluss der Einsätze 14,75 Zentner.

Die Ausrüstung betrug 410 - 3pfd.ge Schuss (336 Kugel-, 74 Kartätschschuss), oder 196 leichte oder 192 schwere 6pfd.ge (darunter 40 Kartäschschuss) oder 152 leichte (108 Kugel-, 44 Kartäschschuss) oder 100 schwere 12pfd.ge Schuss (80 Kugel-, 20 Kartäschschuss). Hierbei ist noch zu bemerken, dass die 12pfd.gen Geschosse von den Kartuschen getrennt, die Kugeln der 12pfd.gen leichten Munition in der 1. und 5., und die Kartätschen in der 4. und 5. Abteilung, doch nicht gleichmäßig, verpackt waren.

1787 wurde ein Kartuschwagen für 3pfd.ge, 6pfd.ge leichte und schwere sowie 12pfd.ge mittlere und schwere Munition eingeführt, dessen Einrichtung, wenigstens im Obergestell, gänzlich von den früheren abwich. Der dachförmige Deckel bestand aus zwei, oben an der Firste durch Scharniere befestigten, Teilen, so dass der Wagen von beiden Seiten geöffnet werden konnte. Um das Rausnehmen der Munition zu erleichtern, befand sich an der linken Seitenwand oberhalb, außer dem festen Seitenbrette, noch eine bewegliche Klappe, die man herunterlassen konnte, wenn die oberen Kartuschen schon heraus genommen waren. Der äußere Deckel bestand auf jeder Seite aus einem hölzernen, mit Zwillich überzogenen, Rahmen, den man nach dem Öffnen durch eiserne Stangen stützte. Das Innere war in 5 Abteilungen geteilt, von denen die mittlere (wahrscheinlich zu Kartätschen) etwas länger war, als jede der übrigen. Über diesen befanden sich abermals dachförmige, aber flacher gestellte, hölzerne zweiflüglige Deckel, die auf jeder Seite aus 3 Teilen bestanden, von denen der mittlere nur die mittlere Abteilung, der vordere und hintere aber jeder 2 Abteilungen bedeckte. Vor dem Wagenkasten lag auf den verlängerten Bäumen ein Brett für einen Futtersack. Damit dieser durch den hervorstehenden Kopf des Spannagels nicht durchgerieben werden konnte, war letzterer mit einem gewölbten, aufklappbaren Bleche versehen. An der Sattelseite befanden sich Beschläge für einen Sensenbaum und einen Hammschuh. Der Wagen wog 10 Zentner 91 Pfund. Als 3pfd.ger Kartuschwagen fasste er 288 Kugel- und 45 Kartäschschuss (13 Zentner 52 Pfund wiegend), als 6pfd.ger leichter resp. 148 und 25 (13 Ztn. 72,25 Pf.), als 6pfd.ger schwerer 124 und 25 (12 Ztn. 96 Pf.), als 12pfd.ger mittlerer 70 und 16 (13 Ztn. 42 Pf.) und als 12pfd.ger schwerer 64 und 16 (13 Ztn. 26 Pf.). (MB II 283 ff.)

3.3.2 Die Munitionswagen der reitenden Artillerie

1792 ward ein **6pfd.ger leichter Kartuschwagen** für reitende Artillerie mit unterlaufenden Vorderrädern eingeführt. Dieser Wagen hatte eine aufwärts gebogene Deichsel, welche ohne diese Vorkehrung eine zu tiefe Lage gehabt haben würde, eine feststehende Hinterbracke, Kotbleche, festgeschnallte Kapplünsen, auf den Armen Beschläge für eine Wagenwinde, einem Ausschnitt zwischen der Hinterachse und dem Achsschemel für die Picketpfähle, Beschläge für den hölzernen Hemmschuh, für die Teerbutte, für eine, vor den eisernen Tritten quer unter dem Kasten liegende Futterlade, für die Picketpfähle und den Sensenbaum. Ein Langbaum war nicht vorhanden, sondern das Vordergestell stand mit dem Hintergestell durch die beiden Unterbäume des Kastens in Verbindung. Am vorderen Ende des letzteren befand sich das auf dem Kranz des des Vordergestells ruhende Kutschgestell. Der Kasten hatte die Einrichtung wie bei den Kartuschwagen von 1787; innerhalb aber einen, auf drei Latten stehenden Einsatz mit 6 Abteilungen, von denen die vordere größer war, als jede der übrigen. Ein zweiflügliger Deckel auf jeder Abteilung sicherte die Munition gegen das Eindringen der Nässe. Jene bestand in der vorderen Abteilung aus 30 Kartätsch-, in jeder der vier folgenden aus 30 Kugelkartuschen, so dass er ganze Wagen 150 Schuß enthielt. Die letzte Abteilung war zu Utensilien bestimmt. (MB II 285, sh. Abb. xx)

1790, und schon kurz vorher, erschienen **7pfd.ge Granatwagen** mit unterlaufenden Vorderrädern für reitende Artillerie, ganz nach demselben System wie die 6pfd.gen Kartuschwagen von 1792 erbaut. Die Fächereinteilung im Inneren glich der bei dem 7pfd.gen Granatwagen für Fußartillerie v.J. 1777, nur waren keine Einsetzkasten vorhanden, auch die mittlere, für Kartuschen bestimmte Abteilung nicht zum Herausnehmen eingerichtet. (MB II 287 f., sh. Abb. 39)

3.3.3 Patronenwagen, Trainwagen

Patronenkarren wurden, soviel man weiß, später als 1772 nicht mehr proportioniert, doch kommen sie, ungeachtet ihrer 1787 befohlenen Abschaffung, noch im Mobilmachungsplan von 1797 vor. Dagegen scheint 1777 ein vierrädriger Patronenwagen von der Gestalt der alten Munitionswagen mit gewölbtem Deckel und nach oben erweitertem Kasten, doch mit hölzernen Seitenwänden. Der Kasten stand vorn zwischen zwei anliegenden Rungen und hinten zwischen zwei hölzer-

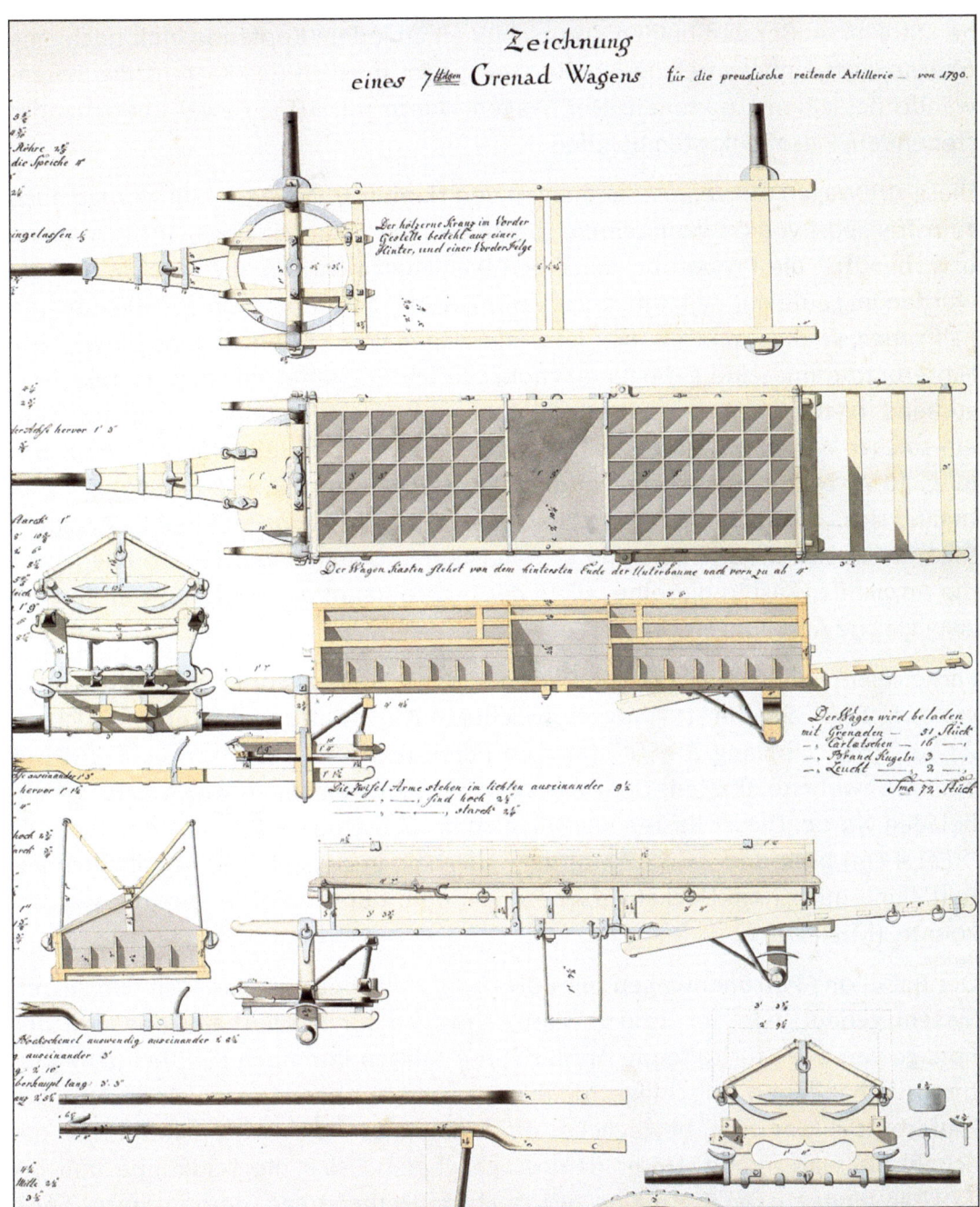

Abb. 39   Granatwagen der reitenden Artillerie von 1790 mit folgenden Maßen:

Unterbäume	lang 3,46 m / stehen auseinander 0,78 m / sind stark 7,85 cm
Kasten lichtes Maß	lang 2,79 m / breit 0,78 m / tief 0,22 m
Innenkästen lichtes M.	1ster + 3ter je 35 Fächer lang je 1,09 m / 2ter lang 0,55 m
Gefache (1ster + 3ter K.)	im Quadrat 0,15 m / tief 0,12 m
Tragekelle gesamt	lang 1,96 m
Vorderrad	hoch 1,25 m
Hinterrad	hoch 1,65 m
Vorderachse	lang 0,94 m
Hinterachse	lang 0,99 m
Achsen stehen auseinander (Mitte zu Mitte) 2,71 m	
Deichsel	lang 3,32 m

nen Stollen. Außer den beiden Kreuzschienen an jedem Kopfende hielt noch eine eiserne, zum Einhaken eingerichtete, Spange im Inneren des Kastens die Seitenwände desselben zusammen. Der Wagen wurde mit 10, zu zwei übereinander stehenden, Patronenkasten beladen.

Diese Art Wagen führte im Allgemeinen den Namen Trainwagen; sie wurden auch zum Transport von Gewehrsteinen, so wie auch als Schanzzeugwagen, Teerwagen usw. benutzt; die Proportion derselben war aber nicht bei allen gleich, und sie wurden im Laufe der Zeit ähnlichen Veränderungen unterworfen, wie die übrigen Fahrzeuge, so dass man z.B. bei dem Trainwagen von 1780 noch eine bewegliche Hinterbracke und eine gebogene Schoßkelle findet, später dagegen erstere feststehend, letztere gerade usw. Mit Flinten- und Karabinersteinen beladen, nahm ein solcher Wagen 5 Kästen mit flachen Deckeln, im Lichten 23,50 Zoll (61,5 cm) lang, 18,75 Zoll (49,0 cm) breit und 9,50 Zoll (24,8 cm) tief, auf. In jedem Kasten befand sich eine große Abteilung zu Flinten- und eine kleine zu Karabinersteinen. Sollte er aber mit Karabiner und Pistolensteinen beladen werden, so blieb zwar die Anzahl der Kästen dieselbe, allein der innere Raum der letzteren war dann in zwei gleiche Abteilungen geteilt.

Ferner diente zum Transport von Patronen der, bereits als ordinärer Kartuschwagen v.J. 1777 angeführte Wagen, welcher mit 15 Patronenkästen, im Lichten 23,50 ″ (61,5 cm) lang, 18,50 ″ (48,4 cm) breit und 5,75 ″ (15,0 cm) tief, und mit einem Gewehrsteinkasten, dem bei dem Bataillons-Patronenwagen ganz gleich, beladen wurde. Dieser Kasten war nämlich im Lichten 31,50 ″ (82,4 cm) lang, 12 ″ (31,4 cm) breit und 2 ″ (5,2 cm) tief, innerhalb in zwei gleiche Abteilungen geteilt[17] und mit einem Deckel versehen, von dem nur die Hälfte geöffnet werden konnte. (MB II 289 f.)

Der **Bataillons-Patronenwagen** mit Bock- oder Kutschgestell war nach demselben System gebaut, wie der 3pfd.ge Kartuschwagen für Füsilierbataillone und der 6pfd.ge von 1792 für reitende Artillerie; nur fehlten ihm noch die , bei dem letzteren vorhandenen, Beschläge für den Hemmschuh, die Wagenwinde etc.; die Hinterbracke war eine bewegliche, ab 1787 hatten die Achsen Kotbleche die Schoßkelle war gerade. Unter dem Wagen befand sich die Feldkrippe und bis 1787 an einer kurzen Kette eine zweistachlige Hemmstütze, deren unteres Ende man während des Fahrens durch den Ausschnitt auf der Hinterachse steckte. Unter diesem Ausschnitt befand sich noch ein anderer für das verlängerte Bodenbrett der Feldkrippe, und ein Vorstecker, um das letztere nach dem Durchschieben festzuhalten. Der Wagen nahm 16, paarweise auf- und nebeneinander stehende Patronenkästen (je Kasten 48 Bunde à 20, zusammen 15.360 Patronen) und den oben genannten Gewehrsteinkasten auf; wo aber dieser gestanden habe, lässt sich nicht angeben, innerhalb fehlte es dazu an Raum. 1796 gehörte zum Bataillons-Patronenwagen an Ausrüstung:
- 2 Reitsättel, 1 Sattelkissen, 3 Pferdedecken, Vorderkumtgeschirre, 1 Putzzeug;

---

[17] Anm. MB „*Nach And. waren diese Abteilungen nicht gleich, und die größere wurde mit Flinten-, die kleinere mit Schützensteinen beladen.*"

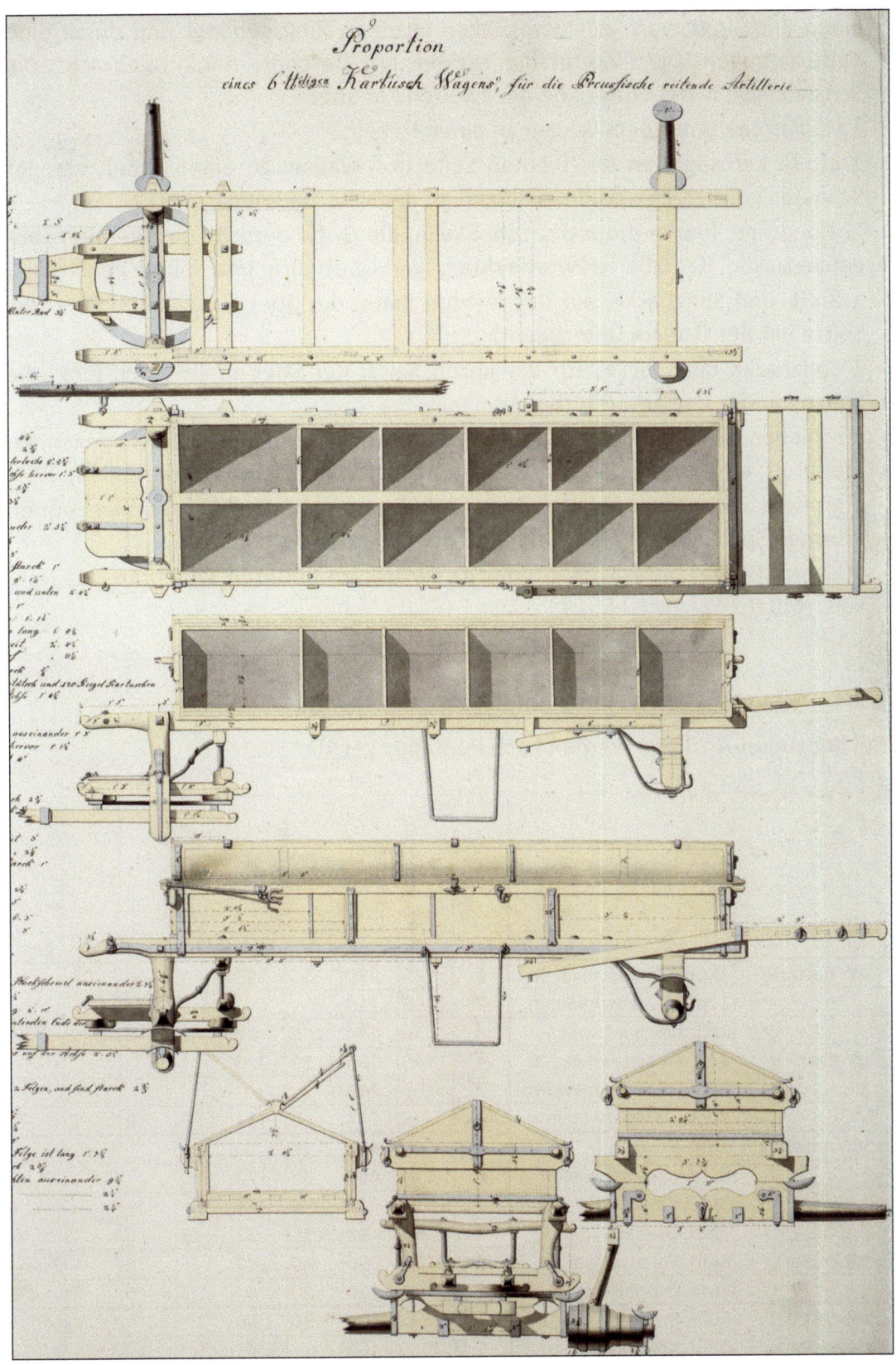

Abb. 40   Kartuschwagen der reitenden Artillerie von 1792

- 1 vierspännige Krippe mit einem eisernen Schnabel durch die Hinterachse in einen Einschnitt, vorn mit dem Haken in einen Ring gehängt und durch eine Kette getragen. Die Picketpfähle wurden am Geschütz mit fortgebracht; die Sensenklinge in der Futterlade der zweiten Kanone;
- 1 Stalllaterne unter dem Wagen an einen Haken;
- 1 große Kerbsäge, an der rechten Seite des Wagens in einen Schuh mit der Schneide gesetzt, ihre Griffe in Ringen an den Oberbäumen;
- 1 Handsäge, hinten unter der Schoßkelle; die Griffe derselben ruhten in gebogenen Haken, das Oberteil wurde durch zwei Überwürfe und Splinte gehalten;
- 1 Breit- und Spitzhacke, auf der rechten Seite; der Stiel durch einen Ring, die Spitze mit der Öse am Unterbaum;
- 1 Spitzhacke oder Picke, auf der linken Seite; der Stiel durch einen Ring, die Spitze mit der Öse am Unterbaum;
- 6 Schippen lagen auf Tragen vorn unter den Unterbäumen; die Stiele gegen ein Stoßbrett; eine Klappe mit vorgestecktem Splint hinderte das Herausfallen;
- 1 großer Lochbohrer lag unter den Unterbäumen auf der quer durchgehenden eisernen Spille, welche das auskippen der Schippen verhinderte;
- 1 kleiner Bohrer im Wagen in einer Lederöse am hinteren Stützbrett des Deckels. (MB II 290 f., MB I 551 f.)

3.3.4 Bei den Batterien und Park-Kolonnen geladene Munition

Bei der **Linien-Artillerie** werden nach Pontanus geladen:

		Stück	Kugeln oder Granaten		Kartätschen		Brand-Kugeln		Leucht-Kugeln	
			à	ges.	à	ges.	à	ges.	à	ges.
12pf. Batterie	12pfd. Kartuschwagen	6	45	270	55	330				
	12pfd. Kartuschwagen	2	105	210						
	10pfd. Granatwagen	4	36	144	8	32	2	8	2	8
dazu im Park	12pfd. Kartuschwagen	4	45	180	55	220				
	12pfd. Kartuschwagen	2	105	210						
	10pfd. Granatwagen	4	36	144	8	32	2	8	2	8
6pfd. reitende	6pfd. Protzen	8	60	480	20	60				
	6pfd. Kartuschwagen	4	120	480	30	120				
	7pfd. Protzen	2	14	28	6	12				
	7pfd. Granatwagen	2	49	98	16	32	3	6	2	4
dazu im Park	6pfd. Kartuschwagen	6	160	960	40	240				
	7pfd. Granatwagen	2	60	120	20	40	3	6	2	4
schweres Batl.	6pfd. Protzen	2	50	100	30	60				
dazu im Park	6pfd. Kartuschwagen	1		160		40				
Füsilier-Batl.	3pfd. Protze	1		60		40				
dazu im Park	3pfd. Kartuschwagen	1		185		70				

Bei der **Reserve-Artillerie** werden nach Pontanus geladen:

		Stück	Kugeln oder Granaten		Kartätschen		Brand-Kugeln		Leucht-Kugeln	
			à	ges.	à	ges.	à	ges.	à	ges.
6pf. Batterie	6pfd. Protzen	12	40	480	40	480				
	6pfd. Kartuschwagen	4	160	640	40	160				
dazu im Park	6pfd. Kartuschwagen	6	160	960	40	240				
7pfd. Haubitz	7pfd. Granatwagen	8	60	480	20	160	3	24	2	16
dazu im Park	7pfd. Granatwagen	8	60	480	20	160	3	24	2	16
10pfd. Mortier	10pfd. Granatwagen	16	42	672	2	32	4	64		
dazu im Park	10pfd. Granatwagen	8	42	336	2	16	4	32		
7pfd. Mortier	7pfd. Granatkasten	88	6	528						
	7pfd. Granatkasten	8	4	32			2	16		
dazu im Park	7pfd. Granatwagen	8	72	576						
Reservekanone	3pfd. Kanone	1		60		40				
dazu im Park	nichts									

Für 1806 wurde folgende Munitionsbeladung gegeben (MB I 547 f.):

			Kugeln	Granaten	Kartätschen				Brandk.	Leuchtk.
					3löth.	6löth.	12löth.	1pfd.		
Protzkasten	3pfd.		60		25	15				
	6pfd.	Infanterie	50			20	10			
		reitende Btr.	60			15	5			
		Fuß-Btr.	40			25	15			
	7pfd.	reitende Btr.		14		6				
Kartuschwagen	3pfd.		185		45	25				
	6pfd.	reitende Btr.	120			20	10			
		Fuß-Btr.	160			25	15			
		Park	160			25	15			
	12pfd.	mit Kartätsch.	45			30	15	10		
		ohne Kartätsch	105							
Granatwagen	7pfd.	reitende Btr.		49		16			3	2
		Haubitz-Btr.		60		20			3	2
	10pfd.	12pfd. Btr.		36			8		2	2
		10pfd. Mortier		42			2		4	

An **Zündungen** wurden gerechnet:

Pro Schuß eine <u>Schlagröhre</u> und auf 10 Schlagröhren eine zum Vorrat;
<u>Zündlichter</u> je 25 am Geschütz und im Park (1806 im 6pfd. Parkwagen 50)
Pro Geschütz und Wagen 1/4 - 1/2 Zentner Lunte und Werg
Pro Geschütz und Wagen 4 - 5 1/4 Pfund Mehlpulver (je 100 Schuß 2 Pfund zum Aufstreuen auf das Zündloch, je 100 Granatwürfe noch 2 Pfund zum Einpudern der Granaten.

3.4   Die Geschirre und Stallsachen

Die Geschirre für die einzelnen Bespannungsarten waren die folgenden:

	Bespannung					4 Knechte 8 Vorratspferde
	3 Knechte 6 Pferde	4 Knechte 8 Pferde	2 Knechte 4 Pferde	2 Knechte 6 Pferde	1 Knecht 4 Pferde	
kplt. Halfterzäume mit Gebissen u. Halfterketten	6	8	4	6	4	8
kplt. Reitsättel	3	4	2	3	1	4
kplt. Sattelkissen	3	4	2	2	1	4
Pferdedecken	6	8	4	5	2	8
pr. Hinterkumtgeschirre	1	1	1	1	1	1 (r. 2)
pr. Vorderkumtgeschirre	1	1		1		
pr. ordin. Vordergeschirre mit kurzen Strängen		1	1		1	3 (r. 2)
pr. ordin. Vordergeschirre mit langen Strängen	1	1		1		
pr. Halskoppel mit Ketten		1				

Die Halfterzäume für die Bespannung mit 3 Knechten und 6 Pferden hatten keine Ketten sondern Stangen.

Die Sattelkissen wurden auf diejenigen Handpferde gelegt, neben welchen ein Knecht ritt und nie auf die Handpferde desjenigen Pferdepaars, das durch Kreuzleinen geführt wurde. (MB I 536)

An Geschirren und Stallsachen gehörten zu den Bataillonskanonen und - soweit zutreffend - zum Bataillonspatronenwagen:

6 Halfterzäume mit gespaltenen Zügeln, Gebiss und Halfterketten

3 Reitsättel mit Kreuzschnurgurten, mit jeweils 5 Schnallen, ingl. 3 Packriemen, Steigbügel und 1 Riemen mit 2 Haken zum Hebegeschirr des Hintergeschirrs

3 Sattelkissen für die Handpferde mit Kreuzschnurgurten und 3 Packriemen

1 pr. Hinterkumtgeschirre mit eisernen Federn und Brustkoppeln, dazu 2 pr. Ordinäre Zugstränge

1 pr. Vorderkumtgeschirre mit eisernen Federn, dazu 2 pr. kurze Zugstränge

1 pr. ordinäre Vordergeschirre mit umgeschlagenen Brustblättern und einem Kammkissen am Handgeschirr, dazu 2 pr. lange Zugstränge

1 Teerbutte am dem Haken der Kanonenachse

1 Kreuzleine; wurde dem Stangenhandpferd angebunden

3 Peitschen mit geflochtenen Stöcken

3 Striegel, 3 Kardätschen; wurden in einem Beutel dem Handpferd angebunden

3 Futterschwingen desgl. rechts angehängt

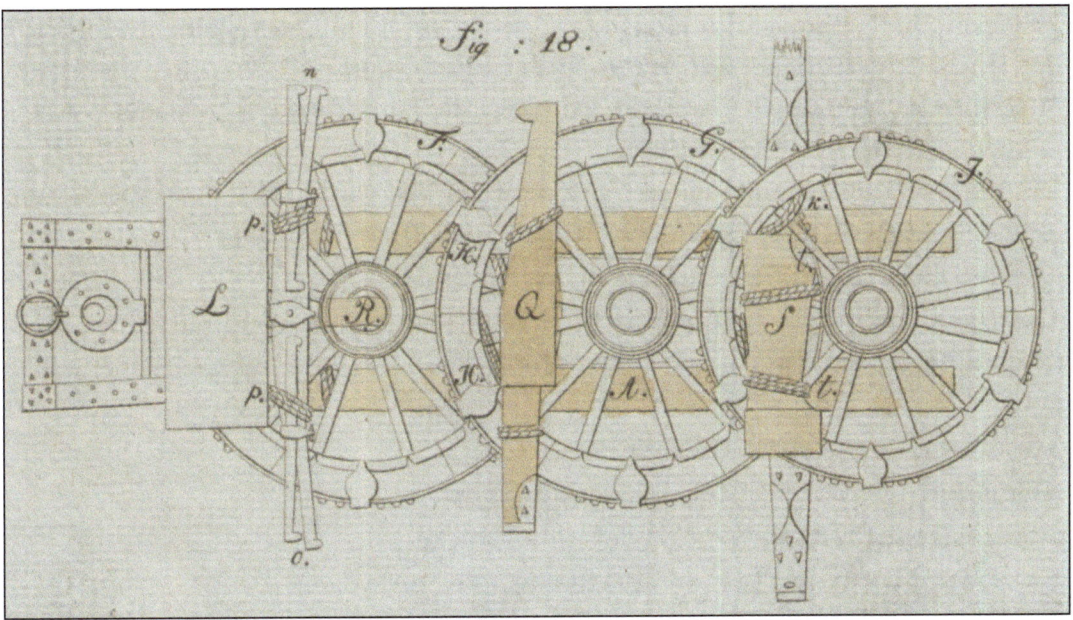

Abb. 41 und 42 6pfündige Reservelafette (Seiten- und Draufsicht; A - Sattel, B+C - Quer-
balken, D+E - Bunde, um Sattel zu befestigen, F+G - Lafettenrad, I - Protz
rad, L - Lafettenkasten, R+Q - Notachsen, S - Wuchtklotz, n+o - Bracken)

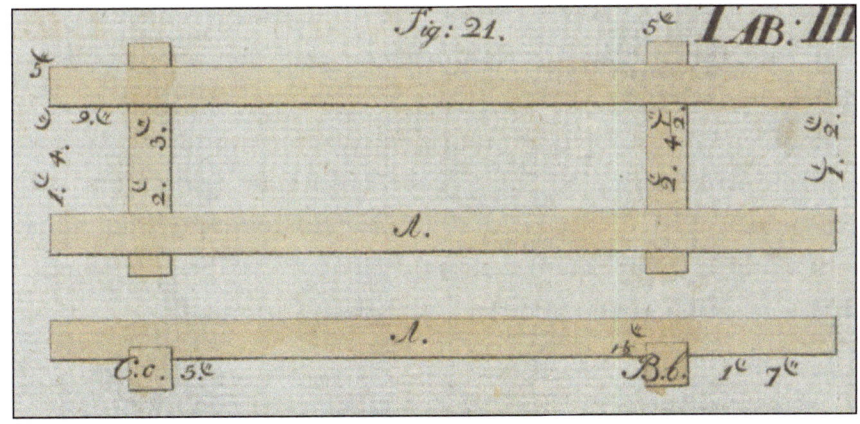

Abb. 43 Sattel (zu A, B + C in Abb. xx und xx)

3 pr. Fouragierstränge mit eisernen Ringen ohne Knebel (Ort unbestimmt)

6 Futtersäcke; den Handpferden aufgelegt

6 Futterbeutel von Zwillich mit doppeltem Boden, Riemen von Gurt; seitwärts am Geschirr aufzuhängen

1 vierspännige hölzerne Feldkrippe[18]; an dem Haken der Protzachse und in dem Ring unter der Deichsel und durch eine Tragekette an den Armen mit Schließhaken gehalten

1 zweispännige hölzerne Feldkrippe; hinten unter den Protzarmen auf der einen Seite in einen Ring eingehangen und der anderen durch einen Schließhaken gehalten.

12 Klafter Stalleine zu beiden Kanonen und zum Wagen; kam in den Patronenwagen

20 Picketpfähle, nämlich für jedes Pferd sowie auf 4 Klafter Stalleine 1 Pfahl. Mit der Spitze ruhten sie auf Bankeisen an der Lafette und reichten unter die Achse, ihre Ringe wurden durch eine Kette gehalten, die im Mittelstück befestigt war; die Ringe mussten nach unten stehen.

1 Futterlade zum Zusammenlegen auf dem, an der Vorderseite des Protzkastens befindlichen Bock, mit Riemen, durch die Ringe gezogen befestigt

2 Futterklingen und 1 Sensenklinge in der Futterlade

1 Sensenbaum mit Ring; an der rechten Seite der Lafettenwand mit dem Griff in einen Ring gesteckt, der baum selbst durch eine Öse, vorn auf der Achse aufliegend

1 Sichel mit Heft in der Futterlade

1 Klopfzeug und 1 Streichstein in der Futterlade

1 beschlagener Wassereimer; an der Hinterbracke

1 Metze auf 2 Kanonen und den Wagen; kam in den Wagen

18 Bindestricke; wurden gleichmäßig verteilt

10 Bindestränge; an einem schicklichen Ort verwahrt

1 hölzerner Hemmschuh mit eisernem länglichem Ring, durch welchen das Hemmtau gezogen wurde, in dem unter der Achse befindlichen Bügel, der Ring in einem Haken

1 Hemmtau; durch den Ring des Hemmschuhs und den am Strebeeisen an der Lafette vorn befindlichen gezogen

1 Wagenwinde zu beiden Kanonen und dem Wagen; auf den Armen der Protze, auf dem linken Arm durch eine Spille, über welche die Öse an der Wagenwinde gehängt wurde, auf dem rechten Arm durch ein aufstehendes Blatt gehalten

6 pr. Hufeisen und 120 Nägel zum ersten Beschlag

1 Schippe, 1 Hacke und auf 2 Kanonen 1 Beil ohne Futteral

---

[18] Diese Krippen zerbrachen leicht und erschwerten die Bepacken. Man schlug vor, zwillichene Krippen zu nehmen; diese konnten nicht gut aufgespannt und nicht gut getrocknet werden. Sie hingen so tief, dass das Fortkommen schon durch sie in schlechten Wegen fast unmöglich wurde.

4.   Die Geschützbedienung und Stellung der Fahrzeuge in der Batterie
4.1   Die Reglements und Instruktionen

Das für diese Zeit gültige Reglement für die **Fußartillerie** war das vom Generalinspekteur v.Merkatz verfasste „Exercicium der Königl. Preussischen Artillerie" vom 20.06.1804.

Für die Regiments- und Bataillons-Artillerie bei der Infanterie galten ergänzend die „Instruktion für die Zimmerleute so die Bataillons-Canons bedienen" vom 13.03.1787[19] sowie die Kabinettsordre vom 15.01.1796[20].

Für die **reitende Artillerie** waren es die Vorschriften „Ueber den Dienst während des ganzen Jahres bei den mit einer Friedensbatterie versehenen Compagnien" und „Ueber das Exerciren an unbespannten oder mit bespannten Geschützen und mit Batterien" aus dem Jahre 1801[21].

4.2   Geschützbedienung

Das genannte Reglement von 1804 gibt als Mannschaft für eine:

3pfd.ge Kanone	12 Mann
6pfd.ge Kanone	12 Mann
12pfd.ge Kanone	13 Mann
7pfd.ge Haubitze	13 Mann
10pfd.ge Haubitze	15 Mann

Die einzelnen Nummern hatten durchgehend folgende Aufgaben:

No. 1   (rechts) wischt aus, hat einen Wischer
No. 2   (links) setzt die Kartusche ein, hat einen Kartuschtornister
No. 3   (rechts) feuert ab, hat eine Lichterbüchse und eine Lunte
No. 4   (links) richtet; hat eine Schlagröhrentasche und eine Puderdose
No. 5   (rechts) hinten am Baum
No. 6   (links) hinten am Baum
No. 7   (rechts) am Baum rechts neben No. 5, hat die Vorratslunte
No. 8   (links) am Baum links neben No. 6, hat den Vorratstornister
No. 9   (rechts) am Achsschenkel, hat den Richtbaum
No. 10 (links) am Achsschenkel, hat einen Tornister
No. 11 (rechts) am Baum zwischen No. 5 und No. 7
No. 12 (links)am Baum zwischen No. 6 und No. 8

Beim 12-Pfünder sowie bei den 7- und 10pfd.gen Haubitzen hierzu abweichend:
No. 5   an der Bracke
No. 6   (links) Lenktau

---

[19] Im Gegensatz zum nur handschriftlich vorhandenen Exercicium war diese Instruktion gedruckt und wird auch nach Abschaffung der Zimmerleute im Jahr 1788 seine Gültigkeit für nunmehrigen Regiments-Artilleristen beibehalten haben. Ab No. 5 weicht die Verteilung der Nummern von Exerzitium ab, auch werden nur 9 Nummern für die genannten 3- und 6-Pfünder gegeben., was wiederum dem Exerzierreglement der Infanterie von 1788 entspricht.

[20] hat sich bisher nicht auffinden lassen.

[21] Diese beiden Instruktionen haben sich bisher nicht auffinden lassen.

No. 7 (rechts) Lenktau, hat die Vorratslunte

No. 11 (rechts) am Baum

No. 12 (links) am Baum

No. 13 beim Wagen (12-Pfünder = 4. Tornister; Haubitzen = Bombardier)

<u>Bei der 10pfd.gen Haubitze:</u>

No. 14 bringt Granaten

No. 15 bringt Granaten

Die **Stellung am Geschütz** war folgende:

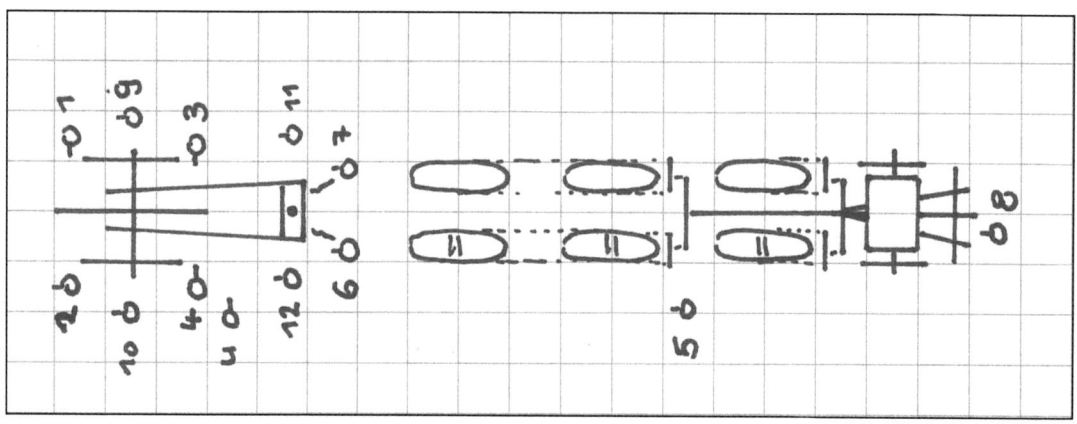

Abb. 44 Kommando: „Canon halt! Richt euch! Chargiert!" (hier ein 6-Pfünder)

Zum Bewegen der nicht aufgeprotzten Geschütze mittels Vorderpferden, wurden die vorderen Pferdepaare mit der Bracke von der Deichsel abhangen und beim Avancieren in den Haken am Brustriegel und beim Retirieren in den Ring am Lafettenschwanz der Geschütze eingehangen.

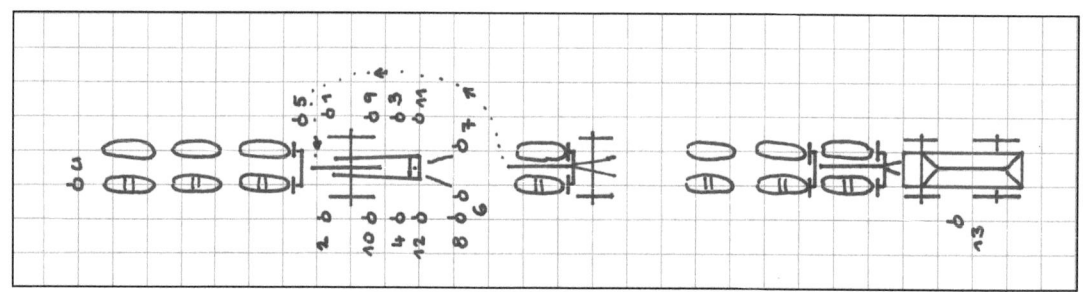

Abb. 45 Kommando: Canon halt! Avanciert! (hier ein 12-Pfünder)

Zum **Bewegen der 6pfd.gen Bataillonsgeschütze** mittels Menschenkraft sind beim **Avancieren**:

No. 4, 10, 2 (links) und 1, 9 und 3 (rechts) vorn mit den Avancierriemen

No. 8, 12, 6 (links) und 5, 11 und 7 (rechts) am Hebebaum am Lafettenschwanz

und beim **Retirieren**:

No. 1 und 2 schieben an der Achse

No. 10 (links) und No.9 (rechts) mit den in die Radscheiben eingehangenen Avancierriemen in Höhe der Mannschaft am Hebebaum

No. 6 (links) und 5 (rechts) mit den Avancierriemen am Lafettenschwanz

Die Verteilung der 8 Avancierriemen auf die Nummern 1 - 6, 9 und 10 ist aus den nachfolgenden Abbildungen zu entnehmen.

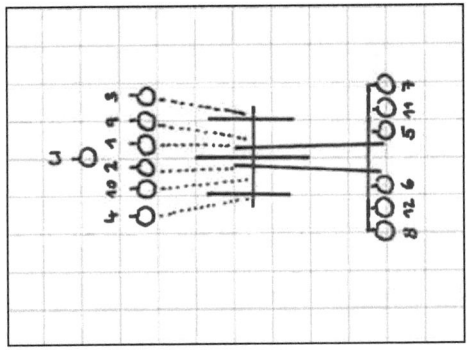 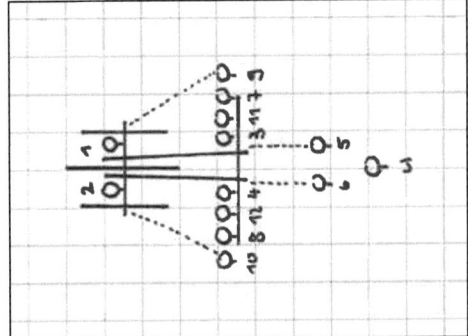

Abb. 46 und 47 (von links) Bataillonsgeschütz im Avancieren und im Retirieren

Für die **Stellung in der Batterie** gibt das Exercicium nur Vorschriften für eine 12.pfdge Batterie. Die aus 6 Kanonen[22] und 8 Wagen bestehende Batterie wurde zum besseren Manövrieren in 2 Divisionen à 3 Kanonen und 4 Wagen, letztere in 2 Reihen stehend, eingeteilt.

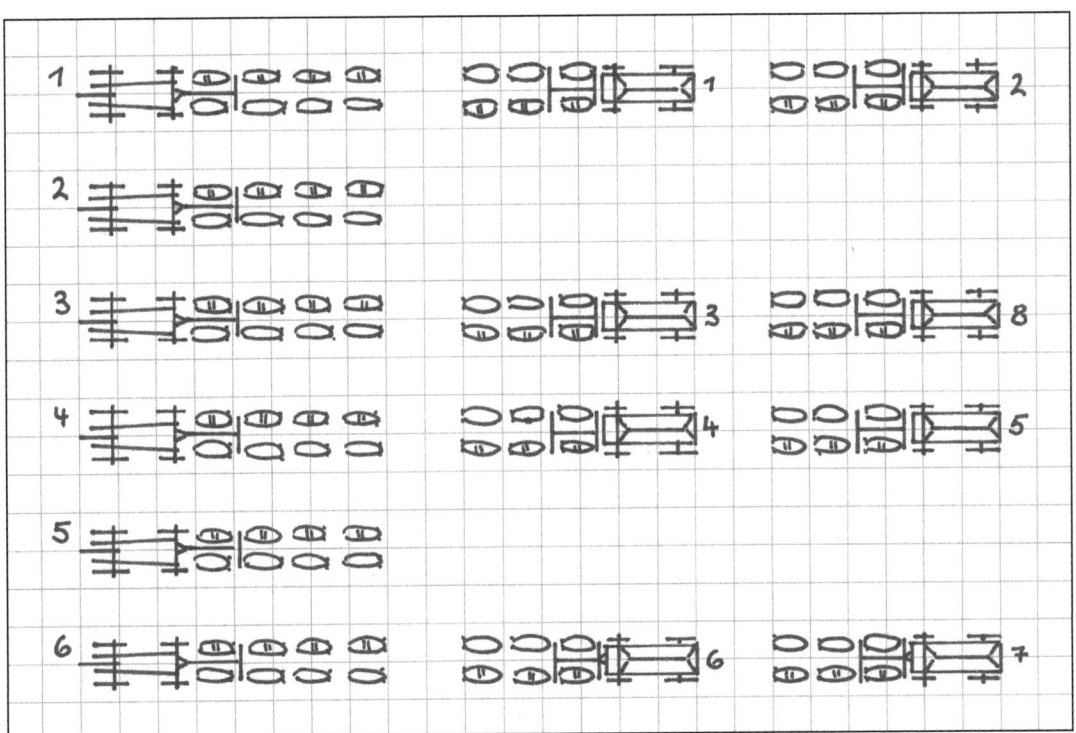

Abb. 48 Stellung einer 12pfd. Batterie von 6 Kanonen zum Exerzieren

---

[22] Exercicium: „*Von den 2 Haubitzen, welche zu einer 12pfd.gen Batterie gehören kann deshalb hier nicht die Rede sein, weil eines teils bei keiner Exerzier-Batterie Haubitzen bespannt sind, andern teils aber dieselbe nach Mobilmachungs-Plan in der Regel von 2 Batterien zusammengezogen und detachiert werden sollen.*"

Die Kanonen standen, von Mündung zu Mündung 12 Schritt auseinander. Die Mündungen waren gegen den Feind gerichtet, um beim Abprotzen das mühevolle Herumschwenken des Geschützes zu ersparen. Die Vorderpferde der ersten Wagenreihe standen 40 Schritt hinter den Lafettenschwänzen der Kanonen. Im Gefecht stand die zweite Wagenreihe unter Aufsicht eines Wagenmeisters mehrere 100 Schritt hinter der Batterie, beim Exerzieren aber 10 Schritt hinter der ersten Wagenreihe.

Bei allen **Kolonnenmärschen** hatten die Fahrzeuge (G= Geschütz, W= Wagen) folgende Reihung:

<— G1 - W1 - G2 - W2 - G3 - W3 - G4 - W4 - G5 - W5 - G6 - W6 - W7 - W8

Falls bald formiert werden sollte, war die Marschreihung folgende:

<— G1 - G2 - G3 - W1 - W3 - G4 - G5 - G6 - W4 - W6 - W2 - W5 - W7 - W8

4.3 Die Regiments-Artillerie (nach Reglement Gltn.v.Dieskau 04.07.1771)

Jedes schwere Bataillon verfügte über 2 6pfd.ge Kanonen[23]. Marschierte das Bataillon rechts ab, so befanden sich die Geschütze vorn nebeneinander, beim Linksabmarsch hinten. Sollte beim Rechtsabmarsch links Front gemacht werden, ging auf das Kommando: *Bataillon halt!* das linke Flügelgeschütz 5 - 6 Schritt gerade vor, das rechte blieb stehen, musste aber vom 1.Glied des vorderen Zuges die Breite des Zuges + 4 Schritt entfernt stehen, damit der Zug links einschwenken konnte. Auf das Kommando: *Mit Zügen links schwenkt euch!* drehten sich beide Kanonen rechts um, protzten ab und rückten so in die Intervalle, dass die vorderen Kanoniere mit dem 1.Glied aligniert waren. Beim Kommando: *Bataillon vorwärts!* gingen die geladenen Kanonen 20 - 30 Schritt vor, das rechte setzte sich und feuerte, das linke ging danach weitere 10 Schritt vor und feuerte, dann das rechte wieder 10 Schritt vor usw. Beim Kommando: *Mit Peletons im Avancieren chargiert!* gingen die Geschütze in die Intervalle zurück, wenn die nebenstehenden Peletons gefeuert hatten wieder 3 - 4 Schritt vor und feuerten. Beim Fertigmachen der Peletons durften die Geschütze nicht vor dem Intervall sein, aber auch nicht von hinten durch die Intervalle feuern. Die Protzen folgten den Geschützen im Abstand von 30 Schritt. Beim <u>Chargieren mit Bataillons</u> galt dasselbe Verfahren, beim <u>Retirieren</u> zogen sich die Kanonen wechselseitig zurück und feuerten, die Protzen 30 Schritt vor den Kanonen. Beim Durchziehen der Treffen mussten die Geschütze suchen durch die Intervalle zu kommen, ohne hinderlich zu sein. Beim Kommando: *Gewehr beim Fuß!* rückten die Protzen schnell an die Geschütze und protzten auf.

Im Quartier wurden die Geschütze mehrere Regimenter durch die kommandierten Offiziere zusammengenommen, zurückgebracht und aufgefahren.

---

[23] Mit AKO vom 05.07.1806 sollten die den 3ten und Füsilierbataillonen gegeben 3 Pfünder abgeschafft werden. Die 1806 in Ostpreußen mobil gemachten 3ten Bataillone der Regimenter Nr. 14, 16, 52 und 58 marschierten allerdings mit ihren Regimentsgeschützen aus.

4.4 Die Ausbildung
4.4.1 Exerzierbatterien

Die praktische Ausbildung der Mannschaften erfolgte am unbespannten und am bespannten Geschütz, letzteres in so genannten Exerzierbatterien vereinigt.

Die Fußartillerie sollte über 2 bespannte Exerzierbatterien verfügen, eine in Berlin und eine in Breslau[24].

Bei der reitende Artillerie verfügte jede der 10 Kompanien über eine bespannte Exerzierbatterie zu 6 Geschützen[25].

4.4.2 Die wissenschaftlichen Bildungsanstalten

Die **Artillerie-Akademie zu Berlin** bestand in

1 Direktor   1 Sekretär

Bei der <u>Klasse der Offiziers</u>
1 Professor der Geometrie des Anciens   1 Professor der Chemie
1 Professor der Mathematik und Physik   1 Professor d. militär. Wissenschaften
1 Professor der Geographie, Statistik u. Geschichte[26]
1 Professor des deutschen Stils (liest wöchentlich nur 2 Stunden)
1 Aufwärter (für 7 Monate so lange die Lehrstunden dauern)

Diese Klasse hörte Vorträge in den Vorbereitungswissenschaften mit Wiederholung der Geschichte und Geographie, Arithmetik, Geometrie, Trigonometrie, Statik, Hydrostatik, Mechanik, Optik; vollständige theoretische Artillerie, Analytik und höhere Geometrie; oberflächlich die Taktik der übrigen Waffen; Geschichte der merkwürdigsten Kriege und Belagerungen; das Nötige aus Baukunst, Chemie, Metallurgie, Fortifikation, Philosophie und deutschem Stil.

Bei der <u>Klasse der Unteroffiziers, so zu Offiziers bestimmt sind</u>
1 Professor der Mathematik   1 Professor der deutsche Sprache
3 Lehrer der französischen Sprache   1 Lehrer im Artillerie-Zeichnen
1 Lehrer im Kunst- und Planzeichnen
1 Aufwärter (für 7 Monate so lange die Lehrstunden dauern)

Diese Klasse erhielt Unterricht in den Vorbereitungswissenschaften, der reinen und angewandten Mathematik, den ersten Elementen der theoretischen Artille-

---

[24] *„Da des Königs Majestät resolvieren geruhet, mehrere reitende und Fußbatterien auch in Friedenszeiten jedoch nach einem modifizierten Fuße wonach die bereits vorhandenen schon umgeformt werden, bespannt und resp. beritten zu halten, so verursacht dies in Ansehung der bei einer Mobilmachung zu bestellenden Knechte eine kleine Veränderung ... Es gestellen nämlich zur ersten Mobilmachung der Artillerie in Berlin das Regiment von Möllendorf 2, von Goetze 2 und von Larisch 23 Knechte weniger ..."* Mobilmachungsplan Regiment v.Möllendorf vom 07.02.1801. Ein Etat für eine Fußexerzierbatterien hat sich bisher nicht auffinden lassen. Decker gibt (S.140) an: *„Im Juni des folgenden Jahres* (Anm.: 1803) *wurde in Berlin eine 12pfündige Exerzier-Batterie mobil gemacht."*

[25] Die Etats hierzu in Anlage 02

[26] liest auch in der Klasse der Unteroffiziers

rie und Fortifikation, im Zeichen, Geographie, Geschichte, deutscher und französischer Sprache.

Bei der <u>Klasse der Unteroffiziers</u>

Feuerwerks-Leutnants und Oberfeuerwerker[27]

Diese Klasse teilte sich in zwei Kurse in denen folgendes unterrichtet wurde:

Kurs für Leute ohne Vorkenntnisse: Schreiben, Rechnen bis zum Dreisatz; Anfertigung von Rapporten, Meldezetteln, kleinen Rechnungen über Einnahme, Ausgabe und vorkommenden Reparaturen; in der Artillerie über die verschiedenen Arten der Geschütze sowie deren Einrichtungen und Gerätschaften, Gebrauch der Waffe, Beurteilung des Terrains, Platzierung der Geschütze und ihre Wirkung, Verhalten des Geschützführers in der Schlacht und bei Verteidigung eines Postens, Anfertigung und Unterhaltung der Munition im Feld.

Kurs für Leute mit Vorkenntnissen: Berechnung von Kugelpyramiden und -haufen, Sätze in der Feuerwerkerei; Arbeiten, die mit welcher Anzahl Leuten in welcher Zeit ausgeführt werden konnten; in der Geometrie das Messen von Entfernungen; Benutzung der Mechanik insofern zur Artillerie gehörend (Hebel, Rolle, Rad auf Welle etc.) und Erläuterung zu Einrichtungen zusammengesetzter Maschinen; Trigonometrie; Gebrauch der Artillerie im freien Felde, Verhalten in Schlachten, vor und in Festungen, Feldverschanzungskunst, Planzeichnen.

Die **Artillerie-Akademie zu Breslau** bestand in

1 Lehrer in der Mathematik
1 Lehrer in der Physik
1 Lehrer in Geschichte[28]
2 Feuerwerker-Leutnants
1 Aufwärter für die Offiziers

Näheres hat sich zu dieser Einrichtung nicht auffinden lassen.

---

[27] Malinowski/Bonin geben in II/ S.516 23 Lehrer, Feuerwerks-Leutnants und Oberfeuerwerker sowie 6 Aufwärter. Der Etat 1799/1800 gibt 6 Feuerwerks-Leutnants (je 2 vom 1sten und 3ten, je 1 von der reitenden Artillerie und vom 9ten Bataillon), 24 Oberfeuerwerker (je 6 vom 1sten, 2ten und 3ten Regiment und je 3 von der reitenden und vom 9ten Bataillon) und 4 Aufwärter. Die Feuerwerks-Leutnants und Oberfeuerwerker des 2ten Regiments standen zwar auf dem Berliner Etat lehrten aber an der Akadamie in Breslau.

[28] Die Lehrer lasen vom 01.10. bis 01.04. wöchentlich jeweils 4 Stunden. Dazu kamen praktische Übungen auf dem Feld und im Feldmessen.

5.   Quellen

Decker - Versuch einer Geschichte des Geschützwesens - Berlin 1822

Geheimes Staatsarchiv Preußischer Kulturbesitz

Bibliothek Präsenzbestand	6 V 83
Oberkriegskollegium IV. HA, Rep. 3	Nr. 6, 17, 18, 22, 24
Oberkriegskollegium IV. HA; Rep. 16	Nr. 635
Regierung Preußen II, HA GD, Abt. 6 II	Nr. 162 a, 162b, 163, 165, 166, 167
Regierung Preußen II, HA GD, Abt. 7 II	Nr. 6218, 6219, 6248

Generalstab - 1806 / Das preußische Offizierskorps und die Untersuchung der Kriegsereignisse - Berlin 1906

Hessisches Staatsarchiv Marburg   HStAM, WHK, WHK 43/33b Blatt 2
                                         HStAM, WHK, WHK 43/35b Blatt 3

Höpfner - Der Krieg von 1806 und 1807 / Erster Teil, 1. und 2.Band - Berlin 1855

Igoschin - private Mitteilungen und Unterlagen - Moskau/Borodino 2018 - 2024

Malinowski/Bonin - Geschichte der brandenburgisch-preußischen Artillerie - (3 Bände, Neudruck der Ausgaben 1840/1841/1842) - Buchholz i.d.N. 2002

Massenbach - Memoiren zur Geschichte des preußischen Staates / Dritter Band - Amsterdam 1809

Petrov - Beutewaffen aus den patriotischen Krieg von 1812 (ОРУДІЯ ОТБИТЬШ у НЕПРІЯТЕЛЯ въ ОТЕЧЕСТВЕННУЮ ВОЙНУ 1812) - Moskau 1911

Rangliste der Königlich preußischen Armee für das Jahr 1806 (Nachdruck der 2. Auflage Berlin 1828) - Osnabrück 1976

Strauch - Aus einer Reichsunmittelbaren Herrschaft, einem Rheinbunds- und deutschen Bundesstaat in der Franzosenzeit - Breslau 1912

Saueracker - Abhandlung von der Einteilung, Bespannung und Transport des Geschützes ... - Breda 1792

Scharnhorst/Hoyer - Handbuch für Offiziere / Erster Teil von der Artillerie - Hannover 1815

Schöning - Historisch-biographische Nachrichten zur Geschichte der Brandenburgisch-Preußischen Artillerie aus bisher ungenutzten Quellen zusammengestellt - Berlin 1844/1845 (3 Bände)

Stammliste aller Regimenter und Corps der Königlich preußischen Armee für das Jahr 1806 (Nachdruck) - Osnabrück 1975

Strotha - Die königlich-preußische reitende Artillerie vom Jahre 1759 bis 1816 - Berlin 1868

Streit - Militärische Encyklopädie für künftige Officiere / Erster Theil - Berlin 1800

Bilder /Abbildungen

Autor	Nr.	1, 2, 20, 21, 22, 25, 26, 27, 28, 30, 44, 45, 46, 47, 48
Petrov	Nr.	2, 3, 8, 9
Igoschin	Nr.	4, 5, 6, 7, 10, 11, 12, 13, 14, 15, 16, 17
Streit	Nr.	18, 23, 24, 29, 31, 32, 33, 34, 35, 36, 37, 38
Hessisches Staatsarchiv Nr.		39, 40
Saueracker	Nr.	41, 42, 43

6. Anlagen

Anlage 01 Verpflegungs- und Servis-Etat des 1sten Feld-Regiments vom 02.03.1799

Verpflegungs-Etat für das 1ste Feld-Artillerie-Regiment		à Rtl.	à Gr.	à Pf.	monatlich Rtl.	monatlich Gr.	monatlich Pf.
I Löhnung							
1 Regiments-Chef	Stabs-Traktament	62	8				
	als Capitaine	83	8		145	16	
1 Kommandeur	Stabs-Traktament	27	12				
	als Capitaine	83	8		110	20	
2 Stabs-Offiziers	Stabs-Traktament	18	8		36	16	
	als Capitaine	83	8		166	16	
2 Stabs-Offiziers	Stabs-Traktament	--	--		--	--	
	als Capitaine	83	8		166	16	
4 Capitaines		83	8		333	8	
6 Seconde-Capitaines		18					
4 Premier-Leutnants		18					
2 Adjutants		18					
2 Feuerwerks-Leutnants		18					
30 Seconde-Leutnants		15					
10 Oberfeuerwerker		6	12				
30 Feuerwerker		5	21				
100 Unteroffiziers		4	20				
220 Bombardiers		3	6				
360 Gefreite-Kanoniers		3					
1240 Kanoniers		2					
1 Regiments-Tambour					3	14	
20 Kompanie-Tambours		2			40		
10 Kompanie-Chirurgi		5			50		
8 Hauboisten		3			24		
1 Rgt.squartiermeister					27	20	
1 Auditeur					14	12	
1 Rgt.s-Chirurgus					21		
Nota: von dessen Traktament wird mtl. 1 Rtl. zur Chirurgen-Pensions- und 4 Gr. für die Chirurgen-Witwen-Pensions-Kasse einbehalten.							
1 Profoß					2		
Summa an Löhnung					6844	8	

		à			monatlich		
II an Douceur-Geldern		Rtl.	Gr.	Pf.	Rtl.	Gr.	Pf.
1 General-Inspekteur	vom Feld-Korps u.						
	Regiments-Chef	192	10	6			
	v.d. Festungs-Art.	121	5	6	313	16	
III an Kompanie-Unkosten							
auf 140 Feuerwerker und Unteroffiziers							
220 Bombardier							
1600 Kanoniers							
20 Kompanie-Tambours							
9 Hautboisten u. Rgt.s-Tambour							
1989 Mann			2	8	221		
IV an kleinen Mondierungsgeldern							
auf 1989 Mann			8		663		
V an Medizingeldern							
auf 1989 Mann			1		82	21	
VI an Werbegeldern							
auf 10 Kompanien		16	16		166	16	
VII an Soldatenkinder-Verpflegung							
auf 10 Kompanien		8	16		86	16	
VIII an Kleidergeldern							
nach dem alten Etat und dazu noch					1204	4	6
für 10 augmentierte Tambours					5	20	
IX Brotverpflegungs-Gelder							
auf 140 Feuerwerker und Unteroffiziers							
220 Bombardier							
750 Kanoniers							
29 Spielleute							
10 Kompanie-Chirurgi							
1 Profoß							
1150 Mann			12		575		
850 Beurlaubte auf 1 Monat der Exerzierzeit			12		425		
Summa der ganzen Verpflegung					9588	9	6

Servis-Etat für das 1ste Feld-Artillerie-Regiment	à			monatlich		
	Rtl.	Gr.	Pf.	Rtl.	Gr.	Pf.
1 Chef				7		
1 Kommandeur				5		
4 Stabs-Offiziers	4			16		
4 Capitaines	4			16		
4 Stabs-Capitaines	3			12		
2 Seconde-Capitaines	2			4		
2 Feuerwerks-Leutnants	2			4		
36 Premier- u. Seconde-Leutnants, Adjutanten	2			72		
54 Offiziers ver- u. unverheiratet						
1 Rgt.s-Quartiermeister				2		
1 Auditeur				2		
1 Rgt.s-Chirurgus				2		
10 Kompanie-Chirurgi		12		5		
1 Rgt.s-Tambour					18	
8 Hautboisten		18		6		
1 Profoß					20	
23 Mann be- oder unbeweibt						
10 Oberfeuerwerker		20		8	8	
30 Feuerwerker		18		22	12	
100 Unteroffiziers		18		75		
220 Bombardiers		10		91	16	
20 Kompanie-Tambours		12		10		
1600 Gemeine, davon						
300 Beweibte		14		175		
450 Ledige		10		187	12	
850 Beurlaubte auf 1 Monat		10		29	12	4
Summe für das 1ste Regiment				754	2	4

Anlage 02　　　**Verpflegungsetat der reitenden Exerzierbatterien 1806**

Berlin	Königsberg	Warschau	Breslau	Summe	Verpflegungs-Etat für die 10 berittenen Exerzier-Batterien für das Jahr 1806	Rtl.	Gr.	Pf.
6	2	1	1	10	zu diesen Batterien sind erforderlich			
					a) Geschütze			
36	12	6	6	60	6pfd.ge Kanonen			
					b) berittene Mannschaft			
36	12	6	6	60	Feuerwerker u. Unteroffiziere			
324	108	54	54	540	Kanoniers			
6	2	1	1	10	Kompanie-Trompeter			
366	122	61	61	610	Mann in Summa			
					c) Bespannungspersonal und Pferde			
6	2	1	1	10	Kurschmiede			
108	36	18	18	180	Knechte per Geschütz 3			
216	72	36	36	360	Zugpferde per Geschütz 6			
366	122	61	61	610	Reitpferde			
582	194	97	97	970	Pferde in Summa			
					Verpflegungs- u. Unterhaltungskosten			
					I. An Löhnung			
6	2	1	1	10	Kurschmiede incl. Kurgelder à 7 Rtl.			
108	36	18	18	180	Knechte à 2 Rtl. 12 Gr.			
240	80	40	40	400	gemeine Kanoniers so nur 2 Rtl. Löhn. haben, Zulage à 12 Gr.			
84	28	14	14	140	Gefreite-Kanoniers haben 3 Rtl. Löhn. und erhalten keine Zulage			
					Summa Löhnung	8640		
					II. An kleinen Mondierungsgeldern			
108	36	18	18	180	Knechte à 2 Gr.　　　à 2 Gr.	180		
					III. An Medizingeldern			
6	2	1	1	10	Kurschmiede　　　à 1 Gr.			
108	36	18	18	180	Knechte　　　à 1 Gr.			
114	38	19	19	190	Mann in Summa	95		
					IV. An Kleidergeldern			
6	2	1	1	10	Kurschmiede-Montierung à 14 Rtl. 1 Gr.	140	10	
108	36	18	18	180	Knechts-Montierung à 15 Rtl. 7 Gr.	2752	12	
324	108	54	54	540	Stallkittel für die Kanoniers jährlich die Hälfte macht 270 Kittel à 1 Rtl. 6 Gr.	337	12	
366	122	61	61	610	Schabracken für die Artilleristen jährl. der 6te Teil = 101 4/6 St. à 1 Rtl. 1 Gr.	105	21	8
366	122	61	61	610	Mantelsäcke für Artilleristen jährl. den 12ten Teil = 50 5/6 St. à 19 Gr. 6 Pf.	41	7	3
					Summa der Kleidergelder	3377	14	11

[76]

					V. An Geschirrr- und Sattelzeuggeldern			
582	194	97	97	970	Stangen-Zäume m. Stangen à 1 Rtl. 8 Gr.			
582	194	97	97	970	Trensen m. Gebissen à 11 Gr. 8 Pf.			
108	36	18	18	180	Handzügel à 11 Gr. 6 Pf.			
366	122	61	61	610	Reitsattel f. Artilleristen à 9 Rtl. 4 Gr.			
108	36	18	18	180	Reitsattel für Knechte à 7 Rtl. 4 Gr.			
108	36	18	18	180	Sattelkissen à 4 Rtl. 6 Gr.			
					Summa 9457 Rtl. 7 Pf., davon zur Anschaffung jährlich der 12te Teil	788	2	7
36	12	6	6	60	Paar Hinterkumtgeschirre m. Strängen u. ledernen Brustkoppeln à 25 Rtl. 4 Gr.			
36	12	6	6	60	Paar Vorderkumtgeschirre m. Strängen à 13 Rtl. 11 Gr.			
36	12	6	6	60	Paar ordinäre Vordergeschirre m. langen Strängen à 7 Rtl. 11 Gr.			
36	12	6	6	60	Futterladen m. Klingen u. Streichstein à 6 Rtl. 6 Gr.			
					Summa 3140 Taler, davon jährlich der 8te Teil	392	12	
582	194	97	97	970	Pferdedecken à 1 Rtl.			
582	194	97	97	970	Pferdedeckengurte à 7 Gr.			
36	12	6	6	60	Teerbutten m. Pinsel à 13 Gr. 6 Pf.			
36	12	6	6	60	beschlagene Wassereimer à 17 Gr.			
					Summa 1329 Rtl. 4 Pf., davon jährlich der 6te Teil	221	12	8
18	6	3	3	30	Klopfzeuge à 12 Gr., davon der 4te Teil	3	18	
582	194	97	97	970	Halftern ohne Stricke à 8 Gr. 6 Pf.			
108	36	18	18	180	Pritschen à 3 Gr. 6 Pf.			
582	194	97	97	970	Striegeln à 6 Gr. 6 Pf.			
582	194	97	97	970	Kardätschen à 6 Gr.			
582	194	97	97	970	Pferdekämme à 3 Gr.			
108	36	18	18	180	Futterschwingen à 5 Gr.			
10 4/5	3 3/5	1 4/5	1 4/5	18	Schock Bindestricke à 2 Rtl. 12 Gr.			
6	2	1	1	10	Schock Bindestränge à 5 Rtl. 21 Gr.			
72	24	12	12	120	pr. Stränge zu Hinterkumten à 8 Gr.			
72	24	12	12	120	dito zu Vorderkumten à 11 1/2 Gr.			
72	24	12	12	120	ditolange Zugstränge à 16 1/2 Gr.			
					Summa 12772 Rtl. 2 Pf., davon jährlich der 3te Teil	425	16	8
582	194	97	97	970	Futtersäcke à 16 Gr., Summa 646 Rtl. 16 Gr., davon jährlich die Hälfte	323	8	

						Rtl.	Gr.	Pf.
582	194	97	97	970	Halfterstricke à 1 Gr., jährlich alle	40	10	
1260	420	210	210	2100	pr. eiserne Sporen f. sämtl. Artilleristen			
108	36	18	18	180	dito f. sämtl. Knechte			
1368	456	228	228	2280	pr. eiserne Sporen à 6 Gr., in Summa 570 Rtl., davon jährl. der 18te Teil	31	16	
					Summa Geschirr u. Sattelzeuggelder	2226	23	11
					VI. An Reparatur, Hufbeschlag und Pferdearzneigeldern			
36	12	6	6	60	Geschütze zur Reparatur derselben, so wie der Geschirre und Stallsachen und zu Wagenschmier à 3 Rtl.			
582	194	97	97	970	Pferde zum Hufbeschlag à 2 Gr.			
582	194	97	97	970	Pferde zur Arznei à 1 Gr.			
					in Summa	3615		
					VII. An Pferdegeldern			
60	20	10	10	100	Pferde jährlich zum Ersatz des Abgangs à 45 Rtl., sind in Summa	4500		
					VIII. An Fouragegeldern f. d. Batterie-pferde incl. Zuschuß u. Magazinkosten			
582				582	Rations à 3 Rtl. 19 Gr. 2 Pf.			
	194			194	2 Rtl. 20 Gr.			
		97		97	3 Rtl.			
			97	97	3 Rtl. 18 Gr. 1 Pf.			
582	194	97	97	970	Ration in Summa	40986	13	
					IX. Brotverpflegungsgelder			
68	36	12	12	128	Knechte à 12 Gr.	1080		
					Summa der ganzen Verpflgung	64701	3	10

Anmerkungen

Zu III.: Eine Kurschmiede-Montierung besteht aus Rock, Collet, Hut, Stiefeln, ledernen Hosen, Zwillichen Überhosen, Mantelsack, Binde und Haarband.

Die Montierung eines Knechts besteht ebenfalls aus diesen Stücken und noch aus ein paar Strümpfen und 2 Hemden.

Zu VIII.: Die Rations für die Offiziers sind in den Etat des reitenden Artillerie-Regiments ausgeworfen worden.

Anlage 03   **Mobilmachungsplan für das Regiment von Möllendorf No.25**
   Anlagen K und L vom 01.01.1801

K

Nachweisung aus welchem Depot das Infanterie-Regiment von Möllendorf bei eintretender Mobilmachung sein Geschütz und Munition empfangen soll

Das Bataillon erhält 4 sechspfündige Kanons und 2 Munitions-Wagen aus Berlin.

Die Kanons werden beladen

Mit 6pfd.gen	Kugelkartuschen	à 50 Stück	200 Stück
dto.	Kartätsch-Kartuschen		
	mit 6löthigen Kugeln	à 20 ″	80 ″
	mit 12löthigen dto.	à 10 ″	40 ″

An Zündungen

Schlagröhren inkl. Vorrat	352 Stück
Mehlpulver	7 Pfund
Zündlichter	100 Stück
Lunte	1 Zentner
Werg	1 ″

An Gewehr-Munition

Flinten-Patronen zum Ausgeben pr: Unteroffizier, Schützen und Gemeinen à 60 Stück	84600 Stück
zu jedem Wagen 15360 Stück in 16 Kasten à 960 Stück	30720 ″
in Summa	115320 Stück
Flinten-Steine zum Ausgeben per Gemeinen 3 Stück	3900 Stück
zu jedem Wagen ein Kästchen à 600 Sück	1200 ″
in Summa	5100 Stück
Carabiner-Steine zum Ausgeben für Unteroffiziers und Schützen à 3 Stück	330 Stück
zu jedem Wagen ein Kästchen à 100 Sück	200 ″
in Summa	530 Stück

Ferner

Erhält das Regiment an Geschütz-Zubehör, Schanzzeug und Bracken auf ein jedes Musketier-Bataillon

Zubehör zum Geschütz	Stück gesamt
Juchtene Kartusch-Tornister	6
Schlagröhren-Taschen	2
Puderdosen	4
Puderdosen-Futterals	4
Räum-Nadeln	4

Hölzerner Aufsätze[29]	2
Untersteck-Keile	4
Lichterbüchsen mit juchzenden Riemen	2
Lichterklemmen	2
Blecherne Lunten-Verberger	2
Pelz-Lappen	4
Avancier-Riemen mit Strängen	16
Avancier-Taue zum Avancieren mit Pferden	2
Lenk-Taue	2
ganze Hinter-Avancier-Bäume	2
ordinäre Hebebäume	2
kurze dto.	2
6pfd.ge Wischer	4
dto. lederne Pfanndeckel mit bleiernen Nägeln	2
dto. Mundpfröpfe mit Maulkörben	2
Richtkeil-Bürsten	1
Baumölfläschchen	1
Zündloch-Bürsten	2
Dammzieher mit Notschrauben	1
Einsatz-Pulvermaße zu Kanons	1
6pfd.ge Kartusch-Leeren	1
dto. dto. Schablonen	1
Blend-Laternen	2
Nägel zum Zündlochvernageln	2

Vorhänge-Schlösser: pr: Protz- und Affuiten-Kasten 1 Stück ingl: pr: Patronen-
Wagen 4 Stück, inkl. 2Stück zu den darin befindlichen
Gewehrstein-Kasten

Schanz-Zeug und Bracken

Schippen	2
Hacken	2
Stellmacher-Beile	1
Feststehende Hinterbracken	3
Vorderbracken	3

———

[29] NB: an jedem Kanon muß sich ein messingner Aufsatz befestigt befinden.

L

Nachweisung aus welchem Depot das 3te Musquetier-Bataillon des Infanterie-Regiments von Möllendorf bei eintretender Mobilmachung sein Geschütz und Munition empfangen soll

Das Bataillon erhält 2 dreipfündige Kanons und 1 Munitions-Wagen aus Berlin.

Die Kanons werden beladen

Mit 3pfd.gen	Kugelkartuschen	à 60 Stück	120 Stück
dto.	Kartätsch-Kartuschen		
	mit 3löthigen Kugeln	à 25 ″	50 ″
	mit 6löthigen dto.	à 15 ″	30 ″

An Zündungen

Schlagröhren inkl. Vorrat	220 Stück
Mehlpulver	3 Pfund
Zündlichter	50 Stück
Lunte	½ Zentner
Werg	½ ″

An Gewehr-Munition

Flinten-Patronen zum ausgeben per Gemeinen 60 Stück	28800 Stück
zu dem Wagen in 16 Kasten à 960 Stück	15360 ″
in Summa	44160 Stück
Flinten-Steine zum Ausgeben per Gemeinen 3 Stück	1440 Stück
zu dem Wagen ein Kästchen	700 ″
in Summa	2140 Stück

———

In der Reihe **Beiträge zur altpreußischen Militärgeschichte bis 1806/07** sind bisher erschienen

No. 1 Instruktion für die Infanterie-Regimenter und Füsilier-Bataillons betreffend die Mannszucht und Ordnung im Felde vom 12.03.1790

No. 2 Instruktion für die Kavallerie-Regimenter betreffend die Mannszucht und Ordnung im Felde vom 12.03.1790

No. 3 Die preußische Feld-Artillerie im Jahr 1806 (I)
Organisation, Material, Bedienung, Ausbildung